500

entrées

500
entrées

Susannah Blake

LES ÉDITIONS
PUBLISTAR
Une compagnie de Quebecor Media

Direction éditoriale : Marianne Canty
Direction artistique : Dean Martin
Maquette : Graham Saville
Iconographie : Ian Garlick
Consultant spécialisé : Wendy Sweetser
Suivi éditorial : Piers Spence

Première édition en 2007 par New Burlington Books,
6 Blundell Street, Londres N7 9BH
Sous le titre *500 appetisers*

Adaptation et réalisation de l'édition en langue française : Agence Media
Traduction : Hanna Agostini

Les Éditions Publistar
Groupe Librex inc.
Une compagnie de Quebecor Media
La Tourelle
1055, boul. René-Lévesque Est
Bureau 800
Montréal (Québec) H2L 4S5
Tél. : 514 849-5259
Téléc. : 514 849-1388

Dépôt légal–Bibliothèque et Archives nationales du Québec
et Bibliothèque et Archives Canada, 2008

ISBN 978-2-89562-234-5

Imprimé en Chine
en novembre 2009.

Sommaire

Introduction

Qu'il s'agisse de simples cacahouètes du commerce ou de canapés maison sophistiqués, les amuse-bouches ont une fonction commune : stimuler les papilles. Servis en accompagnement d'un apéritif ou en guise d'entrée légère, ils se dégustent du bout des doigts, en toute décontraction, contribuant ainsi à créer une ambiance conviviale. Ils peuvent également servir à combler les petits creux, permettant à vos invités d'attendre sereinement le plat principal, sans se couper l'appétit.

Amuse-bouches internationaux

Ces petits mets salés que l'on offre à l'apéritif sont répandus dans le monde entier. Il s'agit soit d'amuse-bouches au sens strict du terme, c'est-à-dire servis exclusivement avant le repas pour éveiller les sens et attiser l'appétit, soit de préparations en portions plus roboratives proposées comme en-cas.

En France, les amuse-bouches sont souvent très raffinés, savamment décorés et présentés en assortiments variés. On doit également à la gastronomie française les classiques hors-d'œuvre, des apprêts froids le plus souvent, que l'on sert en début de repas. Ils comprennent aussi bien de la charcuterie et des crudités que du poisson fumé, des filets d'anchois ou des olives marinées, présentés ensemble ou séparément.

En Italie, on apprécie beaucoup les *antipasti* – le terme signifie littéralement « avant les pâtes ». Ce sont des mets simplissimes comme les bruschettas, des tartines frottées d'ail et arrosées d'huile d'olive, ou une salade de tomates à la mozzarella et au basilic, ou des mets plus raffinés, comme des carrés de polenta garnis de légumes grillés conservés à l'huile d'olive ou de très fines tranches du meilleur prosciutto (jambon cru).

Les Russes, quant à eux, se délectent de *zakouski* – « petites bouchées » – qui étaient à l'origine des douceurs servies au dessert mais qui, aujourd'hui, désignent les différents amuse-bouches accompagnant, avant le repas, l'incontournable vodka. Ces préparations

incluent en général du poisson salé ou mariné, du caviar, de la saucisse, du concombre
à l'aigre-doux et du pain complet.

Tapas et mezze – des assortiments qui servent aussi bien d'entrée que d'accompagnement
pour l'apéritif – sont respectivement emblématiques de l'Espagne et du Moyen-Orient.
Sur la péninsule ibérique, tous les bars proposent des tapas, certains les offrant même
systématiquement à leurs clients à la moindre commande de boisson. Ces amuse-bouches
salés (olives, anchois, chorizo) accompagnent à merveille un verre de xérès ou une bière bien
fraîche – et attisent, bien sûr, la soif. Il existe une infinie variété de tapas, dont les fameuses
patatas bravas (quartiers de pommes de terre frites), la tout aussi célèbre tortilla (omelette
aux pommes de terre épaisse) ou des préparations à base de fruits de mer.

Les mezze du Moyen-Orient, eux, sont plutôt dégustés dans l'intimité des maisons,
où on les sert pour honorer les hôtes. Le mot lui-même vient du persan *maz*, qui signifie
« goût », « saveur », « condiment ». Cette tradition culinaire s'est étendue de la Turquie
à la Grèce, avant de gagner le Liban, puis toute l'Afrique du Nord. Les assortiments
les plus classiques comprennent des olives et des dés de fromage (feta), mais aussi
des trempettes onctueuse comme le tarama, le tzatziki et l'hoummos, des salades (taboulé)
ou encore des préparations plus consistantes (falafels).

Les Asiatiques ne sont pas en reste, proposant eux aussi toutes sortes d'amuse-bouches
parfumés. Les sushis japonais sont un régal tant pour les yeux que pour le palais. Ces petites
bouchées sont en outre très commodes pour accompagner l'apéritif. Les *dim sum*, ces
raviolis chinois cuits à la vapeur et traditionnellement servis dans les maisons de thé, sont
tout aussi savoureux. Sans compter les innombrables en-cas vendus à tous les coins de rue
dans les pays asiatiques, qu'il s'agisse des samosas et des pakoras indiens, des croquettes
de crabe à la thaïlandaise, des brochettes de poulet satay indonésiennes ou des beignets de
calmars vietnamiens.

Les ustensiles

Pour la plupart des recettes proposées dans ce livre, le matériel de cuisine classique suffit :
un couteau bien aiguisé, une planche à découper, une batterie de casseroles et de saladiers,
une cuillère en bois, un verre-doseur, une balance, une plaque à pâtisserie, une grille métallique
et un mixeur. Dans de rares cas, néanmoins, vous aurez besoin d'ustensiles spécialisés. Ainsi,
un *makisu* – tapis en bambou traditionnel – est indispensable pour rouler les sushis.

Plats de service
Choisissez le plat le mieux adapté :
- Les assiettes plates conviennent aux tartelettes, aux pizzas en morceaux ou aux brochettes.
- Les grands plats légèrement creux, pouvant contenir un bol, sont parfaits pour servir
les préparations accompagnées d'un dip ou d'une salsa.
- Les bols, de toutes tailles, s'avèrent idéaux pour les olives, les fruits secs et les chips.

Petites assiettes et bols
Il est conseillé de servir les entrées, notamment les salades et les tartes salées, à l'assiette :
une salade composée disposée avec soin dans une petite assiette paraît toujours plus
appétissante que présentée pêle-mêle dans un saladier. Pour les tapas et les mezze,
prévoyez une assiette de présentation par mets ainsi qu'une assiette de service par
convive, afin que chacun puisse concocter son petit assortiment soi-même.

Brochettes et piques
Employées pour les viandes et fruits de mer, mais aussi les fruits et légumes, brochettes
et piques sont également pratiques pour déguster les amuse-bouches gras ou collants sans
se salir les doigts. Vous en trouverez de toutes sortes dans le commerce, en bois ou en métal,
dotées de manches parfois très travaillés. Si les piques à cocktail en bois, ou cure-dents, sont

les plus couramment utilisées, les modèles plus sophistiqués donneront du raffinement aux amuse-bouches les plus simples.

Serviettes

N'oubliez pas les serviettes : elles permettront à vos invités de s'essuyer les doigts ou de tenir les amuse-bouches qu'ils ne pourront consommer en une seule bouchée. Si celles en papier sont parfaitement acceptables dans le cadre d'un apéritif, à table, optez pour celles en tissu.

Poubelles de table

Les amuse-bouches sont générateurs de déchets (noyaux d'olives, os de poulet...). Il vous faudra donc disposer sur la table, à des emplacements stratégiques, des petits récipients destinés à les recueillir. N'oubliez pas que l'apéritif doit être un moment décontracté et convivial : n'embarrassez pas vos invités en les obligeant à développer des trésors d'ingéniosité pour se débarrasser de leurs restes...

Décor

Les éléments de décoration contribuent certes au plaisir des yeux, mais apportent également du parfum à vos recettes. Ainsi, un peu de ciboulette ciselée, quelques brins d'origan ou de menthe fraîche, une tranche de concombre ou une tomate cerise, une rondelle de citron, une lanière de saumon fumé ou quelques grains de caviar – tous vous permettront d'apporter la touche finale qui transformera le canapé le plus banal en un amuse-bouche sophistiqué. Même si vous confectionnez vos hors-d'œuvre à l'avance, ne les décorez qu'au moment de servir : il vous suffira de quelques secondes à peine pour les parsemer d'herbes aromatiques (une fois ciselées, celles-ci perdent rapidement leur arôme) ou les garnir de ce petit plus qui fera toute la différence.

Réussir vos amuse-bouches

Avant tout, choisissez vos amuse-bouches en fonction de vos invités et de l'occasion pour laquelle vous les réunissez. Vous organisez un dîner d'affaires lors duquel il importe que vous impressionniez vos convives ? Un repas décontracté entre copains ? Les amis de vos enfants, des adolescents affamés, se sont imposés à l'improviste ? Vos proches apprécient les nouveautés culinaires ou, au contraire, les grands classiques ? Pas d'inquiétude, quels que soient les circonstances et vos hôtes, vous trouverez dans cet ouvrage de quoi les régaler.

Dans le cadre d'un repas traditionnel, optez pour les salades et les entrées raffinées. Les recettes proposées ici ravissent aussi bien les yeux que le palais : elles épateront les plus exigeants de vos convives. Pour un apéritif décontracté, privilégiez les chips et autres allumettes présentées avec trempettes et salsas. Pour une touche d'exotisme, rien de tel qu'un assortiment de mezze ou d'amuse-bouches d'inspiration asiatique – tout en sachant que certaines personnes peuvent être déconcertées par ces saveurs orientales.

Chaque chose au bon moment

La réussite de votre soirée dépend aussi – et surtout – de votre organisation. Il n'est pas toujours de bon ton d'abandonner ses invités pour s'affairer aux fourneaux. Si vous recevez à la bonne franquette, il peut être amusant de deviser en cuisine avec vos amis. Mais, lors d'une réception plus formelle, prévoyez de préférence des amuse-bouches qui se préparent à l'avance ou qui, à la rigueur, peuvent être assemblés rapidement à la dernière minute.

La plupart des trempettes se conservent parfaitement au réfrigérateur : il suffit de les remuer une dernière fois avant de les servir. Quant aux brochettes, elles peuvent mariner jusqu'au moment de leur cuisson. Les salades s'assemblent et s'assaisonnent aisément juste avant de passer à table. Et vous pouvez terminer certaines bases ou garnitures à la dernière minute.

Rappelez-vous également que l'apéritif (ou l'entrée) n'est que la première étape du repas, le prélude à d'autres plats. La plupart du temps, choisir la simplicité est donc une excellente

option. Cela vous permettra en effet de vous consacrer davantage à l'élaboration du plat de résistance et du dessert.

Présentation modulable

S'il est recommandé de ne jamais négliger la présentation des amuse-bouches, vous pouvez la soigner plus ou moins selon les circonstances. La plupart du temps, celle-ci peut être modulée en fonction des occasions. Par exemple, un plein saladier d'ailerons de poulet trônant au milieu de la table conviendra à un dîner familial et décontracté. Les mêmes ailerons dressés avec soin sur un lit de mesclun bien assaisonné, dans des assiettes individuelles, produiront un tout autre effet à moindre coût. Les mezze, tapas et amuse-bouches asiatiques se prêtent particulièrement bien à des présentations variables. Ils peuvent être servis à l'assiette, entourés d'une petite salade et d'une verrine de sauce individuelle, ou bien empilés sur un plat de service unique que l'on se passe d'un invité à l'autre, en même temps qu'un gros bol de sauce.

Ces recettes étrangères ne conviennent pas seulement en accompagnement d'un apéritif original. Pensez-y également comme entrée d'un repas à connotation exotique. Ainsi, pourquoi ne pas servir, après un assortiment de mezze, un tajine marocain puis une glace à l'eau de rose ? Dans le même esprit, des tapas espagnoles préluderont magnifiquement à une paella aux fruits de mer suivie d'une crème catalane. Les en-cas asiatiques se prêtent aussi au jeu : proposez-les en assortiment, avant un poulet sauté aux noix de cajou et une salade de mangue et litchis frais.

La présentation des trempettes et sauces peut elle aussi s'adapter aux circonstances : il suffit de moduler le nombre des recettes proposées et celui des supports (plus il est grand et plus votre cocktail sera sophistiqué) et de les décorer plus ou moins savamment selon l'ambiance recherchée.

Gardez à l'esprit que l'essentiel est de vous amuser. N'ayez pas peur de vous montrer créatif, imaginatif, et adaptez vos recettes préférées à chacune de vos réceptions !

Les recettes express

Voici une série de conseils qui vous permettront de préparer des amuse-bouches ou des entrées en un rien de temps, pour recevoir en toute tranquillité, même à l'improviste.

Trempettes faciles

Vous trouverez dans le commerce de délicieuses trempettes et sauces prêtes à l'emploi (tapenade, guacamole, tarama, hoummos, etc.). Il vous suffira de les présenter dans de jolis bols et de les servir avec des biscuits apéritifs adaptés (chips ou allumettes) ! Si vous tenez à les concocter vous-même, ayez toujours en réserve ces quelques produits de base : mayonnaise, crème fraîche et yogourt nature. Vous les agrémenterez à votre guise d'herbes ciselées, de zeste ou de jus de citron, d'un peu de pesto ou de bleu émietté, de quelques gouttes de Tabasco, de ciboule finement émincée, de câpres, d'anchois ou d'ail écrasés...

Préparations à tremper faciles

Vous pouvez accompagner vos trempettes de biscuits apéritifs du commerce, mais optez pour des produits de qualité. Privilégiez par exemple les produits artisanaux, souvent plus parfumés et plus goûteux que leurs homologues industriels. Vos convives apprécieront cette délicate attention. Ouvrez les emballages au dernier moment, présentez-les dans des plats aux formes adaptées et servez sans attendre. C'est un jeu d'enfant !

D'autres produits moins courants peuvent également convenir, notamment le pain pita qui, une fois détaillé en lanières, peut être légèrement grillé. De même, les gressins italiens ont toujours beaucoup de succès, tout comme les tortillas mexicaines et les mini-poppadums indiens. Selon les circonstances, innovez et jouez la carte soit de la simplicité, soit de la sophistication.

Les crudités, saines et rafraîchissantes, accompagnent elles aussi fort bien les trempettes. Prévoyez tout un assortiment joliment agencé de bâtonnets de carotte et de concombre, de lanières de poivron, de bouquets de chou-fleur et de tomates cerises. Si vous voulez les émincer à l'avance, mettez-les dans un grand saladier, couvrez-le de film alimentaire et réservez au réfrigérateur jusqu'au moment de servir.

Rayon traiteur

Pour recevoir dignement des convives qui s'invitent à l'improviste, pensez aux produits que proposent les rayons traiteur. Vous y trouverez en toute saison des olives ou des anchois marinés, à servir avec des amandes caramélisées ou des petits biscuits au fromage. Ayez également en réserve des feuilles de vigne farcies en conserve, que vous arroserez d'un peu de jus de citron. Pensez juste à soigner la présentation !

Canapés innovants

Traditionnellement, les canapés sont confectionnés avec du pain de mie. Il existe toutefois des variantes qui vous permettront à la fois de gagner du temps, de préserver le goût et de sortir des sentiers battus.

• Les blinis et mini-blinis prêts à l'emploi se trouvent dans la plupart des supermarchés. Il suffit de les passer quelques minutes au four avant de les garnir.

• Le pain noir allemand donne de savoureux résultats. Découpez les tranches en petits carrés ou en ronds, à l'aide d'un emporte-pièce. Garnissez-les à votre goût. Mais vous pouvez aussi opter pour de fines tranches de baguette grillées, plus conventionnelles.

• N'oubliez pas les tortillas. Tartinez-les d'une fine couche de fromage blanc additionné de jus de citron, ajoutez quelques lanières de saumon fumé et de l'aneth ciselé. Roulez-les en serrant bien, puis découpez-les en tranches plus ou moins épaisses avec un couteau à scies. Vous pouvez aussi couper les tortillas en deux ou en quatre, puis les rouler, en cône par exemple, en y enserrant la garniture.

Des produits astucieux

Voici une liste de quelques produits qui vous permettront de gagner du temps lors de la préparation de vos amuse-bouches, sans pour autant nuire à leur qualité !

• On trouve désormais facilement dans le commerce des légumes grillés conservés à l'huile d'olive. Ils sont très savoureux et idéaux pour concocter de délicieux hors-d'œuvre en un tournemain. Les cœurs d'artichaut et les lanières de poivron grillé, par exemple, font merveille sur des canapés ou en salade.

• Une fois bien égouttées, les câpres garniront idéalement canapés et salades.

• Ne vous fatiguez pas à préparer des bâtonnets de crudités : achetez-les déjà émincées.

• Pour faire des crostinis de polenta, achetez un bloc de polenta prêt à l'emploi. Vous n'aurez plus qu'à le couper en petits carrés, à les badigeonner d'huile d'olive et à les faire frire avant de les garnir à votre convenance.

• Les pois chiches et autres légumineuses servent de base à de nombreuses trempettes. Ne prenez pas la peine de les faire tremper avant de les faire cuire pendant des heures. Achetez-les en conserve, égouttez-les bien et mixez-les avec les ingrédients de votre choix jusqu'à obtention d'une purée lisse. Rien de plus facile !

• Les pâtes préétalées, feuilletées ou sablées, vous feront gagner un temps précieux. Il suffit de les déballer, de les découper à l'envi, de les garnir, puis d'enfourner. Qui dit mieux ?

• Les pâtes à pizza du commerce sont également très pratiques.

• Les pains pita peuvent servir à confectionner des mini-pizzas express : il suffit de les garnir de sauce tomate du commerce et de fromage, puis de les enfourner une dizaine de minutes.

• Les naans (pains indiens) peuvent aussi constituer la base de mini-pizzas improvisées que vous pourrez éventuellement couper en morceaux juste avant de servir.

• Privilégiez les sachets de salade toute prête, disponibles au rayon frais. Vous trouverez des assortiments divers et variés, plus originaux que ceux que vous pourriez réaliser vous-même. Les sachets de taille moyenne conviennent parfaitement pour les recettes proposées dans cet ouvrage, pour 4 personnes.

Chips et allumettes

Ces petits amuse-bouches croustillants plairont

assurément à tous. Servez-les tels quels, avec

une sauce du commerce ou, mieux encore,

avec une des délicieuses préparations dont

vous trouverez la recette dans le chapitre

suivant. Il n'y a rien de plus simple...

Croquants aux noix et aux tomates confites

Pour 24 pièces

La forme allongée de ces croquants salés permet de les plonger aisément dans une sauce.

55 g (¹/₄ tasse) de beurre mou
2 œufs légèrement battus
115 g (1 tasse) de farine à gâteaux
   (avec levure incorporée)

55 g (¹/₄ tasse) de farine de maïs
10 tomates séchées conservées à l'huile
   d'olive, égouttées et émincées
55 g (3 ¹/₂ oz) de cerneaux de noix concassés

Préchauffez le four à 350°F (180 °C). Tapissez deux plaques à pâtisserie de papier sulfurisé.

Fouettez le beurre jusqu'à consistance de pommade, puis incorporez-y progressivement les œufs battus, toujours en fouettant. Tamisez les farines au-dessus de la préparation et mélangez délicatement à la cuillère en bois. Ajoutez les tomates séchées et les noix.

Divisez la pâte en deux parts et façonnez chacune en un pain de 18 × 7,5 cm (7 × 3 po) environ. Déposez-en un par plaque et enfournez 20 min. Transférez les pains cuits sur une planche à découper et coupez-les en tranches de 1,5 cm (¹/₂ po) d'épaisseur environ.

Répartissez les tranches sur les deux plaques et enfournez de nouveau 10 min : les croquants doivent être bien dorés et croustillants. Laissez-les refroidir sur une grille.

Voir variantes p. 38

Tuiles au parmesan

Pour 10 pièces

Ces tuiles fondantes sont étonnamment simples à préparer et peuvent se conserver
plusieurs jours dans une boîte hermétique.

**150 g (1 ¹/₃ tasse) de parmesan fraîchement
     râpé**

Préchauffez le four à 400 °F (200 °C). Tapissez deux plaques à pâtisserie de papier sulfurisé.

Répartissez 5 petits tas de parmesan râpé sur chaque plaque, en les espaçant bien les uns
des autres. Puis aplatissez-les légèrement avec le dos d'une cuillère.

Enfournez 5 min environ : le fromage doit être doré. Sortez les tuiles du four
et laissez-les reposer 1 min. Décollez-les délicatement à l'aide d'une spatule souple
et disposez-les au fur et à mesure sur un rouleau à pâtisserie afin qu'elles s'incurvent.
Laissez-les refroidir sur une grille.

Voir variantes p. 39

Quesadillas à la mozzarella et au basilic

Pour 12 pièces

Ces amuse-bouches mexicains sont encore meilleurs accompagnés d'une salsa de tomates bien relevée.

Huile d'olive pour la poêle
2 tortillas de blé
150 g (5 oz) de mozzarella coupée en fines tranches

$^1/_2$ piment rouge séché grossièrement émietté
1 poignée de feuilles de basilic

Huilez une grande poêle antiadhésive et faites-la chauffer à feu moyen. Déposez-y une tortilla, puis recouvrez-la des tranches de fromage. Saupoudrez du piment séché et garnissez des feuilles de basilic. Couvrez avec l'autre tortilla.

Laissez cuire 1 à 2 min, jusqu'à ce que le dessous soit doré, puis retournez délicatement le tout à la spatule. Faites également dorer l'autre face 1 à 2 min.

Transférez sur une planche à découper et coupez en 12 parts égales. Servez aussitôt.

Voir variantes p. 40

Gressins aux graines de pavot

Pour 24 pièces environ

Ces petites spécialités italiennes se parfument à l'envi : préparez-en tout un assortiment.

200 g (1 ³/₄ tasse) de farine de blé tout usage
+ un peu pour le plan de travail
1 c. à c. de levure de boulanger
en poudre
¹/₂ c. à c. de sel

1 c. à s. d'huile d'olive + 2 c. à c. pour
les plaques
12 cl (¹/₂ tasse) d'eau tiède + un peu pour
badigeonner
10 g (2 c. à s.) de beurre pour le saladier
2 c. à c. de graines de pavot

Dans un grand saladier, mélangez la farine avec la levure et le sel. Ménagez un puits au centre, puis versez-y l'huile et l'eau. Mélangez jusqu'à obtention d'une pâte souple.

Pétrissez la pâte sur le plan de travail fariné, de 5 à 10 min, jusqu'à consistance élastique. Déposez-la dans un grand saladier beurré et couvrez de film alimentaire. Laissez lever 1 h environ dans un endroit tiède : la pâte doit doubler de volume.

Préchauffez le four à 400 °F (200 °C). Huilez deux plaques à pâtisserie. Sur le plan de travail fariné, étalez la pâte en un rectangle de 20 × 40 cm (6 × 12 po). Découpez-y environ 24 bandes de 1,5 cm (1/2 po) de large. Roulez-les du plat de la main, sans trop appuyer, et répartissez-les sur les plaques.

Badigeonnez les gressins d'eau au pinceau et parsemez-les des graines de pavot. Enfournez 10 à 12 min : ils doivent être joliment dorés. Laissez-les refroidir sur une grille.

Voir variantes p. 41

Allumettes de pain pita à l'ail et au persil

Pour 4 personnes

Ces croustillantes allumettes de pain pita sont tout aussi savoureuses confectionnées avec des pains pita à la farine complète.

2 c. à s. d'huile d'olive
1 gousse d'ail écrasée
Poivre noir moulu

2 pains pita (ou pains libanais)
1 c. à s. de persil finement haché

Mélangez l'huile et l'ail dans un petit bol. Poivrez. Préchauffez le gril du four. Tapissez une plaque à pâtisserie de papier sulfurisé.

Coupez les pains pita en deux, dans l'épaisseur, et recoupez chaque moitié en 3 bandes parallèles, pour former des allumettes. Disposez-les sur la plaque et enfournez-les 1 à 2 min.

Retournez-les et arrosez-les avec l'huile aillée. Faites encore griller 1 min environ : les allumettes doivent être croustillantes et dorées. Parsemez du persil et servez sans attendre.

Voir variantes p. 42

Croquettes de vermicelles de riz

Pour 24 pièces environ

Ces alléchantes croquettes de vermicelles de riz seront parfaites en préambule d'un repas chinois. Servez-les seules ou accompagnées d'une sauce aigre-douce pimentée.

115 g (4 oz) de vermicelles de riz
1 piment rouge épépiné et finement émincé
1 c. a c. de cumin en poudre

1 échalote finement émincée
Sel
Huile végétale pour la friture

Cassez les vermicelles dans un saladier résistant à la chaleur et couvrez-les d'eau bouillante. Laissez reposer 5 min environ, jusqu'à ce qu'ils ramollissent.

Égouttez les vermicelles et remettez-les dans le saladier. Ajoutez le piment, le cumin et l'échalote. Salez et mélangez délicatement le tout.

Dans une sauteuse, faites chauffer 5 cm (2 po) d'huile à 375 °F (190 °C) : à cette température, un petit morceau de pain plongé dedans doit mettre 1 min pour dorer.

En procédant en plusieurs bains, déposez environ 24 cuillerées de préparation aux vermicelles dans la sauteuse et aplatissez-les légèrement avec le dos d'une cuillère. Faites cuire 2 min environ : les croquettes doivent être croustillantes et bien dorées. Sortez-les de l'huile au fur et à mesure, à l'écumoire, et égouttez-les sur du papier absorbant. Servez bien chaud.

Voir variantes p. 43

Nœuds pimentés au comté

Pour 30 pièces environ

Pour confectionner ces petits amuse-bouches légèrement relevés, choisissez de préférence un fromage de qualité, bien typé.

115 g (1 tasse) de farine blanche tout usage
  + un peu pour le plan de travail
85 g (6 c. à s.) de beurre froid coupé en dés
85 g ($^3/_4$ tasse) de comté râpé

$^1/_2$ c. à c. de piment rouge séché émietté
1 c. à c. de sauce Worcestershire (facultatif)
Paprika pour servir

Mélangez la farine et le beurre au robot ménager jusqu'à consistance sableuse. Ajoutez-y le fromage, le piment et, éventuellement, la sauce Worcestershire. Travaillez le tout jusqu'à obtention d'une boule de pâte souple. Couvrez-la de film alimentaire et réservez-la 15 min au réfrigérateur.

Préchauffez le four à 325 °F (170 °C). Tapissez une plaque à pâtisserie de papier sulfurisé. Sur le plan de travail fariné, étalez la pâte sur 1 cm ($^1/_4$ po) d'épaisseur environ. Découpez-y une trentaine de bandes de 1,5 × 8 cm ($^1/_4$ × 3 $^1/_2$ po). Torsadez légèrement les extrémités des bandes pour former des nœuds et disposez-les sur la plaque.

Enfournez 10 à 15 min : les nœuds doivent être croustillants et bien dorés. Laissez-les refroidir sur une grille. Saupoudrez-les de paprika juste avant de servir.

Voir variantes p. 44

Craquelins aux anchois

Pour 40 pièces environ

Ces petits sablés salés, aux accents du Midi, sont proprement irrésistibles à l'apéritif.

55 g (½ tasse) de farine blanche tout usage
   + un peu pour le plan de travail
55 g (¼ tasse) de beurre froid coupé en dés
30 g (⅓ tasse) de parmesan fraîchement râpé

4 filets d'anchois à l'huile égouttés
½ c. à c. de poivre noir moulu
Huile pour les plaques

Mélangez la farine, le beurre, le parmesan, les anchois et le poivre au robot ménager jusqu'à obtention d'une boule de pâte souple. Couvrez-la de film alimentaire et réservez-la 15 min au réfrigérateur.

Préchauffez le four à 400 °F (200 °C). Huilez légèrement deux plaques. Sur le plan de travail fariné, étalez la pâte sur 1 cm (¼ po) d'épaisseur environ. Découpez-y une quarantaine de disques
à l'aide d'un emporte-pièce rond de 5 cm (1 ¼ po) de diamètre (ou d'un verre retourné). Récupérez les chutes, roulez-les en boule et répétez l'opération.

Disposez les disques de pâte sur les plaques et enfournez 6 min : les craquelins doivent être bien dorés. Laissez-les refroidir sur une grille.

Voir variantes p. 45

Chips de betterave

Pour 4 personnes

Ces chips colorées, faites à base de betterave au lieu de la traditionnelle pomme de terre, surprendront agréablement vos convives. Un dip crémeux les accompagnera à merveille.

1 ou 2 betteraves crues   **Fleur de sel pour servir**
Huile de tournesol pour la friture

Épluchez les betteraves et, à l'aide d'un économe, détaillez-les en très fines lamelles. Rincez-les, puis épongez-les sur du papier absorbant.

Remplissez une sauteuse d'huile au tiers environ. Faites-la chauffer à 375 °F (190 °C) : à cette température, un petit morceau de pain plongé dedans doit mettre 1 min pour dorer.

En procédant en plusieurs bains, faites frire les lamelles de betterave dans l'huile chaude 1 min environ. Sortez-les de l'huile au fur et à mesure, à l'écumoire, et déposez-les sur une grille recouverte de plusieurs couches de papier absorbant. Parsemez de fleur de sel juste avant de servir, bien chaud.

Voir variantes p. 46

Chips de tortilla

Pour 4 personnes

Au Mexique, les chips de tortilla sont traditionnellement servies avec une sauce pimentée et/ou un guacamole.

2 tortillas de blé   **Fleur de sel pour servir**
Huile végétale pour la friture

Coupez chaque tortilla en 8 triangles. Remplissez une sauteuse d'huile aux deux tiers. Faites-la chauffer à 375 °F (190 °C) : à cette température, un petit morceau de pain plongé dedans doit mettre 1 min pour dorer.

En procédant en plusieurs bains, faites frire les triangles de tortilla 2 min environ : ils doivent être bien dorés. Sortez-les de l'huile au fur et à mesure, à l'écumoire, et égouttez-les sur du papier absorbant. Parsemez de fleur de sel juste avant de servir, bien chaud.

Voir variantes p. 47

Variantes

Croquants aux noix et aux tomates confites

Recette de base p. 19

Croquants aux noix et aux figues séchées
Suivez la recette de base en substituant aux tomates confites
des figues séchées.

Croquants aux noix et aux tomates confites épicées
Suivez la recette de base en ajoutant aux tomates et aux noix
$1/2$ c. à c. de piment rouge séché émietté.

Croquants aux noix de pécan et aux olives
Suivez la recette de base en remplaçant les noix par des noix de pécan
et les tomates confites par des olives (vertes ou noires) dénoyautées
et grossièrement hachées.

Croquants aux amandes et aux dattes épicées
Suivez la recette de base en remplaçant les noix par des amandes
et les tomates confites par des dattes séchées dénoyautées. Relevez
le tout avec $1/2$ c. à c. de piment rouge séché émietté.

Variantes

Tuiles au parmesan

Recette de base p. 21

Tuiles au parmesan et aux graines de fenouil
Saupoudrez les petits tas de parmesan de 1 ou 2 pincées de graines
de fenouil moulues juste avant d'enfourner.

Tuiles au parmesan et aux épices
Saupoudrez les petits tas de parmesan de 1 pincée de piment en poudre
et de 1 pincée de cumin en poudre juste avant d'enfourner.

Tuiles au parmesan et au thym
Saupoudrez les petits tas de parmesan d'un peu de thym frais effeuillé
juste avant d'enfourner.

Tuiles au parmesan et à la sauge
Saupoudrez les petits tas de parmesan d'un peu de sauge fraîche finement
ciselée juste avant d'enfourner.

Quesadillas à la mozzarella et au basilic

Recette de base p. 22

Quesadillas aux piments jalapeños
Suivez la recette de base en remplaçant le piment rouge séché et le basilic
par 2 c. à s. de piments jalapeños en conserve, égouttés et émincés.
Ce piment vert mexicain est moyennement fort.

Quesadillas à la mozzarella et aux épinards
Suivez la recette de base en substituant au basilic de jeunes pousses d'épinards.

Quesadillas à la mozzarella et aux poivrons rouges grillés
Suivez la recette de base en remplaçant le basilic par des poivrons rouges
grillés en conserve, égouttés et émincés.

Quesadillas piquantes à la mozzarella, aux poivrons grillés et au basilic
Suivez la recette de base en ajoutant des poivrons rouges grillés en conserve,
égouttés et émincés, au piment et au basilic.

Quesadillas à la mozzarella et aux tomates confites
Suivez la recette de base en remplaçant le basilic par des tomates séchées
conservées à l'huile d'olive, égouttées et émincées.

Variantes

Gressins aux graines de pavot

Recette de base p. 25

Gressins géants
Suivez la recette de base, mais découpez le rectangle de pâte en bandes de 3 cm (³/₄ po) de largeur. Torsadez-les légèrement avant de les déposer sur les plaques. Enfournez 17 min environ.

Gressins aux graines de sésame
Suivez la recette de base en remplaçant les graines de pavot par des graines de sésame.

Gressins au parmesan
Suivez la recette de base en substituant aux graines de pavot 2 c. à s. de parmesan fraîchement râpé.

Gressins aux graines de fenouil
Suivez la recette de base en remplaçant les graines de pavot par des graines de fenouil.

Variantes

Allumettes de pain pita à l'ail et au persil

Recette de base p. 26

Allumettes de pain pita à l'ail et au citron
Suivez la recette de base en ajoutant 1 c. à c. de zeste de citron (bio) râpé à l'huile d'olive aillée et en supprimant le persil.

Allumettes de pain pita aux herbes
Suivez la recette de base en supprimant l'ail et en parsemant les allumettes grillées d'un mélange de ciboulette, de menthe et de persil finement ciselés.

Allumettes de pain pita pimentées au persil
Suivez la recette de base en ajoutant à l'huile d'olive 1 petit piment rouge, épépiné et très finement émincé, à la place de l'ail.

Allumettes de pain pita à l'ail et à la coriandre
Suivez la recette de base en remplaçant le persil par de la coriandre.

Variantes

Croquettes de vermicelles de riz

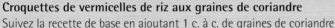

Recette de base p. 29

Croquettes de vermicelles de riz aux graines de coriandre
Suivez la recette de base en ajoutant 1 c. à c. de graines de coriandre
moulues à la préparation aux vermicelles.

Croquettes de vermicelles de riz aux graines de fenouil
Suivez la recette de base en ajoutant $1/2$ c. à c. de graines de fenouil moulues
à la préparation aux vermicelles.

Croquettes de vermicelles de riz à la cardamome
Suivez la recette de base en ajoutant $1/2$ c. à c. de cardamome en poudre
à la préparation aux vermicelles.

Croquettes de vermicelles de riz à l'ail et au gingembre
Suivez la recette de base en ajoutant 1 gousse d'ail écrasée et
1 c. à c. de racine de gingembre râpée à la préparation aux vermicelles.

Nœuds pimentés au comté

Recette de base p. 30

Allumettes au comté
Suivez la recette de base en supprimant le piment et disposez les bandes de pâte sur la plaque sans les tordre.

Nœuds au bleu
Suivez la recette de base en utilisant du bleu émietté à la place du comté. Supprimez le piment et le paprika.

Nœuds au comté et à la sauge
Suivez la recette de base en remplaçant le piment et le paprika par 1 c. à c. de sauge fraîche finement ciselée.

Nœuds pimentés au comté et à l'ail
Suivez la recette de base en ajoutant 1 gousse d'ail écrasée à la pâte.

Variantes

Craquelins aux anchois

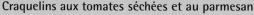

Recette de base p. 33

Craquelins aux tomates séchées et au parmesan
Suivez la recette de base en utilisant 6 tomates séchées émincées à la place
des anchois.

Triangles aux anchois et au parmesan
Suivez la recette de base, mais découpez la pâte en triangles et non
en disques. Procédez de même pour la suite.

Craquelins pimentés aux anchois
Suivez la recette de base en remplaçant le poivre par $^1/_4$ de c. à c. de piment
rouge séché émietté.

Craquelins aux herbes et aux anchois
Suivez la recette de base en parfumant la pâte avec 1 c. à c. de thym frais
effeuillé.

Variantes

Chips de betterave

Recette de base p. 34

Chips de panais
Utilisez 1 ou 2 panais au lieu des betteraves : les chips obtenues seront
délicieusement dorées et croustillantes.

Chips de patate douce
Utilisez 1 patate douce au lieu des betteraves : les chips obtenues seront
très croquantes et d'un beau jaune orangé.

Chips de potiron
Utilisez 1 tranche de potiron au lieu des betteraves : les chips obtenues
seront d'un appétissant orange vif.

Méli-mélo de chips
Utilisez toute une variété de tubercules (pomme de terre, patate douce,
betterave) pour faire des chips multicolores.

Variantes

Chips de tortilla

Recette de base p. 36

Chips de tortilla au paprika
Suivez la recette de base et saupoudrez les chips de paprika, en plus
de la fleur de sel, juste avant de servir.

Chips de tortilla au citron vert
Suivez la recette de base et parsemez les chips du zeste de $^1/_2$ citron vert
(bio de préférence), en plus de la fleur de sel, juste avant de servir.

Chips de tortilla au curry
Suivez la recette de base et saupoudrez les chips de curry, en plus
de la fleur de sel, juste avant de servir.

Chips de tortilla pimentées
Suivez la recette de base et saupoudrez les chips de piment de Cayenne
en poudre, en plus de la fleur de sel, juste avant de servir.

Trempettes et salsas

Rien n'accompagne mieux des amuse-bouches salés qu'une sauce épicée ou une trempette crémeuse. Qu'elles soient chaudes et relevées, fraîches et acidulées ou froides et veloutées, les préparations que nous vous proposons ici sont toutes plus savoureuses les unes que les autres. Elles viendront magnifier vos séances de grignotage ou vos apéritifs improvisés.

Trempette d'artichaut au persil

Pour 4 personnes

Servez cette trempette crémeuse, pas trop relevée, avec des chips de tortilla ou des gressins aux graines de pavot. Elle offre l'avantage d'être relativement peu calorique.

400 g (14 oz) de cœurs d'artichaut en conserve, bien égouttés
1 gousse d'ail écrasée
1 c. à s. d'huile d'olive vierge extra

$1/4$ de c. à c. de cumin en poudre
$1/4$ de c. à c. de zeste de citron bio râpé
Sel et poivre noir moulu
1 c. à s. de persil finement haché

Mixez les cœurs d'artichaut avec l'ail, l'huile, le cumin et le zeste de citron jusqu'à obtention d'une consistance homogène. Salez et poivrez. Mixez de nouveau quelques secondes.

Rectifiez l'assaisonnement si nécessaire et incorporez le persil. Transférez dans un bol et servez.

Voir variantes p. 65

Salsa de tomate fraîche à l'oignon rouge

Pour 4 personnes

Cette salsa à base de tomate et d'oignon rouge est très facile à confectionner. Sa fraîcheur et sa touche pimentée en font l'accompagnement de choix pour des tortillas ou des quesadillas lors d'un buffet d'été.

3 tomates épépinées et coupées en dés
1 oignon rouge très finement émincé
1 piment vert épépiné et très finement émincé
3 pincées de cumin en poudre

1 c. à s. de vinaigre de vin rouge
1 c. à s. d'huile d'olive
Sel
2 c. à s. de coriandre finement ciselée

Mettez les tomates, l'oignon, le piment, le cumin, le vinaigre et l'huile dans un saladier. Salez et mélangez bien le tout. Ajoutez la coriandre et mélangez de nouveau. Transférez la salsa dans un bol et servez.

Voir variantes p. 66

Salsa de tomate à l'avocat

Pour 4 personnes

Cette salsa fraîche et savoureuse accompagnera très bien des chips de tortilla
ou des allumettes de pain pita.

2 avocats pelés, dénoyautés
   et coupés en dés
2 tomates épépinées et coupées en dés
1 piment rouge épépiné et finement émincé

2 oignons verts finement émincés
1 poignée de coriandre finement ciselée
Sel
Le jus de 1 citron vert

Mettez les avocats, les tomates, le piment, les oignons verts et la coriandre dans un saladier.
Salez et mélangez bien le tout. Ajoutez le jus de citron vert et mélangez de nouveau.
Transférez la salsa dans un bol et servez-la dans les deux heures qui suivent : la chair
de l'avocat a tendance à noircir au contact de l'air. Couvrez de film alimentaire et
réservez au réfrigérateur jusqu'au moment de servir.

Voir variantes p. 67

Trempette de concombre crémeuse à la menthe

Pour 4 personnes

Cette trempette rafraîchissante inspirée du classique tzatziki grec constitue un amuse-bouche léger et facile à préparer. Vos invités auront plaisir à y plonger des bâtonnets de pain pita grillés ou encore des chips.

1/2 gros concombre
25 cl (1 tasse) de yogourt à la grecque
1 gousse d'ail écrasée

2 c. à s. de feuilles de menthe finement ciselées
Sel

Pelez le demi-concombre, coupez-le dans le sens de la longueur et épépinez-le à la petite cuillère. Puis râpez-le (grille moyenne) et mettez-le à égoutter 10 min dans une passoire. Pressez-le pour éliminer le maximum d'eau.

Mettez le concombre râpé dans un saladier et ajoutez le yougourt, l'ail et la menthe. Salez et mélangez le tout. Transférez la trempette dans un bol et réservez-la au réfrigérateur jusqu'au moment de servir.

Voir variantes p. 68

Trempette de potiron pimentée

Pour 4 personnes

Cette trempette superbement colorée mêle des saveurs multiples : douces, épicées et acidulées. Attention, une fois que l'on y a goûté, il devient difficile de résister...

600 g (1 ¹/₂ tasse) de potiron pelé, épépiné et
   coupé
   en morceaux
2 c. à s. d'huile d'olive

Sel et poivre noir moulu
1 gousse d'ail écrasée
1 c. à s. de racine de gingembre râpée
1 piment rouge épépiné et finement émincé
Le jus de ¹/₂ citron vert

Préchauffez le four à 400 °F (200 °C). Mettez les morceaux de potiron sur une plaque antiadhésive, puis arrosez-les de 1 c. à s. d'huile d'olive. Salez et poivrez. Enfournez 20 min environ, en retournant délicatement les morceaux une ou deux fois en cours de cuisson : ils doivent être tendres.

Mixez le potiron cuit avec l'ail, le gingembre, le piment et le reste d'huile jusqu'à consistance lisse. Ajoutez le jus de citron vert et mixez de nouveau quelques secondes. Rectifiez l'assaisonnement si nécessaire.

Transférez la trempette dans un bol et servez-la chaude, tiède ou froide (comme elle a tendance à épaissir en refroidissant, remuez-la vigoureusement avant de servir).

Voir variantes p. 69

Trempette de courgette aux câpres

Pour 4 personnes

Cette trempette onctueuse et légèrement pimentée est également peu calorique. Servez-la chaude ou froide, en accompagnement de crackers ou d'allumettes de pain pita.

3 courgettes coupées en rondelles
$1/2$ gousse d'ail écrasée
2 c. à c. de câpres égouttées
1 pincée de piment rouge séché émietté

2 c. à s. d'huile d'olive
Sel
Le jus de $1/4$ de citron

Faites cuire les rondelles de courgette 5 min à la vapeur : elles doivent être bien tendres.

Mixez-les avec l'ail, les câpres, le piment et l'huile jusqu'à obtention d'une purée lisse. Salez et incorporez le jus de citron.

Transférez la trempette dans un bol et servez-la chaude ou à température ambiante.

Voir variantes p. 70

Trempette de poivron rouge aux noix

Pour 4 personnes

Mêlant les riches parfums de la noix et du poivron rouge, cette trempette est parfaite pour un barbecue d'été, avec un verre de vin blanc bien frais.

2 gros poivrons rouges
55 g (¹/₃ tasse) de cerneaux de noix
¹/₂ c. à c. de paprika
¹/₂ c. à c. de gingembre en poudre
1 pincée de piment de Cayenne en poudre

1 gousse d'ail écrasée
2 c. à s. d'huile d'olive
Sel
2 c. à c. de jus de citron
2 c. à c. de feuilles de menthe finement ciselées

Préchauffez le four à 450 °F (230 °C). Disposez les poivrons entiers sur une plaque antiadhésive et enfournez 30 min environ en les retournant à mi-cuisson : ils doivent être bien noircis. Mettez-les dans un saladier, couvrez de film alimentaire et réservez 20 min.

Pelez et épépinez les poivrons. Mixez leur chair avec les noix, le paprika, le gingembre, le cayenne, l'ail et l'huile : vous devez obtenir une purée lisse. Salez et mixez de nouveau quelques secondes.

Transférez la préparation dans un bol. Ajoutez le jus de citron et rectifiez l'assaisonnement si nécessaire. Laissez refroidir complètement, puis incorporez les trois quarts de la menthe ciselée. Répartissez éventuellement dans des verrines et parsemez du reste de menthe juste avant de servir, à température ambiante.

Voir variantes p. 71

Trempette de flageolets au pesto

Pour 4 personnes

Cette trempette d'haricots, particulièrement onctueuse, accompagne à merveille les crudités : bâtonnets de carotte, tomates cerises, lamelles de poivron. Voilà de quoi vous mettre en appétit de belle manière !

1 boîte de 400 g (14 oz) de flageolets au naturel, rincés et égouttés
1 gousse d'ail écrasée
1/4 de c. à c. de piment rouge séché émietté

3 1/2 c. à s. de pesto du commerce
2 c. à s. d'huile d'olive
1 c. à s. de jus de citron

Mixez les flageolets avec l'ail, le piment, le pesto et l'huile jusqu'à obtention d'une purée lisse.

Ajoutez le jus de citron, transférez dans un bol et servez.

Voir variantes p. 72

Trempette de betterave au gingembre

Pour 4 personnes

Avec son rose vif alléchant et sa saveur piquante, cette trempette n'a pas sa pareille pour stimuler les papilles et ouvrir l'appétit.

250 g (9 oz) de betteraves cuites
grossièrement émincées
1 gousse d'ail écrasée
2 c. à c. de graines de coriandre moulues

$^1/_2$ c. à c. de gingembre en poudre
Sel et poivre noir moulu
20 cl ($^3/_4$ tasse) de yogourt à la grecque
1 c. à c. de feuilles de menthe finement ciselées

Mixez les betteraves avec l'ail, la coriandre et le gingembre jusqu'à obtention d'une purée lisse. Salez et poivrez. Mixez de nouveau quelques secondes.

Incorporez le yogourt. Rectifiez l'assaisonnement si nécessaire. Transférez la trempette dans un bol et servez-la parsemée de menthe.

Voir variantes p. 73

Variantes

Trempette d'artichaut au persil

Recette de base p. 49

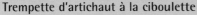

Trempette d'artichaut à la ciboulette
Suivez la recette de base en remplaçant le persil par de la ciboulette.

Trempette d'artichaut au paprika
Suivez la recette de base en y ajoutant 1 bonne pincée de paprika.

Trempette d'artichaut au pesto
Suivez la recette de base en remplaçant le cumin et le zeste de citron
par 2 c. à s. de pesto du commerce.

Trempette d'artichaut crémeuse
Suivez la recette de base en ajoutant 2 c. à s. de crème fraîche en même
temps que le persil.

Variantes

Salsa de tomate fraîche à l'oignon rouge

Recette de base p. 51

Salsa de tomate fraîche à l'oignon rouge et au basilic
Suivez la recette de base en remplaçant la coriandre par du basilic.

Salsa de tomate fraîche à l'oignon rouge et au poivron grillé
Préchauffez le four à 450 °F (230 °C). Mettez 1 poivron rouge entier sur
une plaque antiadhésive et enfournez 30 min environ, en le retournant
à mi-cuisson : il doit être bien noirci. Placez-le dans un saladier et couvrez de
film alimentaire. Réservez 10 min. Pelez et épépinez le poivron, puis émincez
très finement sa chair. Suivez la recette de base en ajoutant le poivron grillé.

Salsa de tomate fraîche à l'oignon rouge et à la mangue
Suivez la recette de base en ajoutant $1/2$ mangue pelée, dénoyautée
et coupée en dés.

Salsa de tomate fraîche aux oignons verts
Suivez la recette de base en remplaçant l'oignon rouge par 1 botte
d'oignons verts.

Salsa épicée de tomate fraîche à l'oignon rouge
Suivez la recette de base en supprimant le piment vert et en mettant
1 bonne pincée de poivre noir moulu ou de paprika.

Variantes

Salsa de tomate à l'avocat

Recette de base p. 52

Guacamole
Réduisez la chair des avocats en purée, puis incorporez-y les autres
ingrédients. Salez et ajoutez du jus de citron vert à votre convenance.

Salsa de tomate à l'avocat et au kiwi
Suivez la recette de base en ajoutant 1 kiwi pelé et finement émincé
en même temps que la coriandre.

Salsa de tomate à l'avocat et à la mangue
Suivez la recette de base en ajoutant $1/2$ mangue pelée, dénoyautée
et coupée en dés.

Salsa épicée de tomate à l'avocat
Suivez la recette de base en supprimant le piment rouge et en mettant
1 bonne pincée de poivre noir moulu ou de cumin en poudre.

Salsa de tomate à l'avocat et au poivron
Suivez la recette de base en ajoutant $1/2$ poivron rouge épépiné et
finement émincé.

Trempette de concombre crémeuse à la menthe

Recette de base p. 55

Trempette de concombre crémeuse à l'ail
Suivez la recette de base en ajoutant 1 gousse d'ail supplémentaire.

Trempette de concombre crémeuse pimentée
Suivez la recette de base en ajoutant 1 piment vert épépiné et très finement émincé.

Trempette de concombre crémeuse aux oignons verts
Suivez la recette de base en ajoutant 3 oignons verts finement émincés.

Trempette de concombre crémeuse aux herbes
Suivez la recette de base en ajoutant à la menthe 1 c. à s. de ciboulette et 1 c. à s. de coriandre ciselées.

Trempette de potiron pimentée

Recette de base p. 56

Trempette de potiron aux noix
Suivez la recette de base en ajoutant 1 c. à s. de cerneaux de noix concassés,
pour un savoureux contraste de textures.

Trempette de potiron épicée
Suivez la recette de base en supprimant le piment et en mettant
1 c. à c. de cumin en poudre et 1 c. à c. de graines de coriandre
moulues, en même temps que l'ail et le gingembre.

Trempette de potiron au curry
Suivez la recette de base en ajoutant 1 c. à c. de curry moyennement
fort au potiron cuit et en remplaçant le jus de citron vert par le jus
de $^1/_2$ à 1 citron jaune.

Trempette de potiron à la marocaine
Suivez la recette de base en substituant au piment 1 c. à c. de harissa
et 1 c. à c. de cumin en poudre.

Variantes

Trempette de courgette aux câpres

Recette de base p. 59

Trempette de courgette aux câpres et au citron
Suivez la recette de base en ajoutant $1/2$ c. à c. de zeste de citron (bio) râpé en même temps que le jus de citron.

Trempette crémeuse de courgette aux câpres
Suivez la recette de base en remplaçant le piment rouge séché par 3 c. à s. de crème fraîche : ajoutez-la en même temps que le jus de citron.

Trempette crémeuse de courgette aux câpres et à l'aneth
Suivez la recette de base en ajoutant 1 c. à s. d'aneth ciselé et 2 c. à s. de crème fraîche, en même temps que le jus de citron.

Trempette de courgette aux câpres et à la menthe
Suivez la recette de base en ajoutant 1 c. à s. de feuilles de menthe ciselées à la préparation et en parsemant la trempette d'un peu de menthe ciselée juste avant de servir.

Trempette de courgette aux câpres et au persil
Suivez la recette de base en ajoutant 2 c. à s. de persil haché à la préparation et en parsemant la trempette d'un peu de persil haché juste avant de servir.

Variantes

Trempette de poivron rouge aux noix

Recette de base p. 60

Trempette crémeuse de poivron rouge aux noix
Suivez la recette de base en ajoutant 3 c. à s. de crème fraîche
à la préparation une fois que celle-ci a complètement refroidi.

Trempette de poivron rouge aux noix de cajou
Suivez la recette de base en remplaçant les noix par des noix de cajou.

Trempette de poivron rouge aux noix et au basilic
Suivez la recette de base en substituant à la menthe 1 belle poignée
de feuilles de basilic.

Trempette de poivron rouge aux pignons et au basilic
Suivez la recette de base en remplaçant les noix par des pignons de pin
et la menthe par 1 belle poignée de feuilles de basilic.

Variantes

Trempette de flageolets au pesto

Recette de base p. 63

Trempette de haricots blancs à la purée de tomates confites
Suivez la recette de base en remplaçant les flageolets par des haricots blancs
et le pesto par de la purée de tomates confites.

Trempette de flageolets à la courgette
Coupez 1 courgette en tranches et faites-les cuire 5 min à la vapeur : elles
doivent être bien tendres. Puis suivez la recette de base en les réduisant
en purée fine avec les flageolets.

Trempette de flageolets au poivron rouge
Suivez la recette de base en ajoutant aux flageolets 2 poivrons rouges
en conserve bien égouttés.

Trempette de flageolets crémeuse
Suivez la recette de base en mélangeant 2 c. à s. de crème fraîche au jus
de citron avant de l'incorporer à la préparation.

Variantes

Trempette de betterave au gingembre

Recette de base p. 64

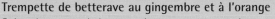

Trempette de betterave au gingembre et à l'orange
Suivez la recette de base en ajoutant au yogourt le zeste de $1/2$ orange
(bio) râpé

Trempette de betterave au gingembre pimentée
Suivez la recette de base en ajoutant 1 c. à c. de harissa ou
1 c. à c. de paprika ainsi que 1 bonne pincée de piment de Cayenne
en poudre.

Trempette de betterave au gingembre et à la ciboulette
Suivez la recette de base en parsemant la préparation de ciboulette ciselée
au lieu de la menthe.

Trempette de betterave au gingembre et à la coriandre
Suivez la recette de base en parsemant la préparation de coriandre ciselée
au lieu de la menthe.

Amuse-bouches

Nul doute que ces affriolants petits hors-d'œuvre

séduiront aussi bien les yeux que le palais.

Qu'ils soient à base de fruits secs ou de fromage,

d'olives ou de champignons, vos convives

n'en feront qu'une bouchée. Prévoyez large !

Olives marinées

Pour 4 personnes

Les olives marinées, très parfumées, ont la réputation de mettre en appétit.
Que leur préparation soit simple ou sophistiquée, elles sont toujours appréciées.

2 gousses d'ail coupées en fines lamelles
1 pincée de piment rouqe séché émietté
1 c. à c. d'aiguilles de romarin
    finement ciselées

1 c. à s. de persil finement haché
1 c. à s. de vinaigre de vin rouge
2 c. à s. d'huile d'olive
250 g (9 oz) d'olives violettes

Mélangez l'ail, le piment, le romarin, le persil, le vinaigre et l'huile dans un saladier.

Ajoutez les olives et mélangez pour bien les enrober de marinade. Couvrez de film alimentaire et réservez au moins 4 h au réfrigérateur avant de servir. Ces olives se conservent 3 à 4 jours au frais.

Voir variantes p. 91

Œufs de caille en tapenade rouge

Pour 4 personnes

Les œufs de caille se marient fort bien avec la tapenade, qu'elle soit à base d'olives ou, comme ici, de tomates séchées. Cette purée goûteuse est emblématique de la cuisine méditerranéenne, provençale notamment.

12 œufs de caille
200 g (7 oz) de tomates séchées conservées
   à l'huile d'olive, égouttées
2 gousses d'ail écrasées
3 filets d'anchois conservés à l'huile, égouttés

2 c. à c. de câpres rincées et égouttées
1 à 2 c. à s. d'huile d'olive
Poivre noir
Jus de citron

Portez une casserole d'eau à ébullition. Mettez-y les œufs de caille à cuire 4 min. Égouttez-les, puis plongez-les dans une casserole d'eau froide. Laissez refroidir.

Préparez la tapenade rouge. Mixez les tomates séchées avec l'ail, les anchois, les câpres et l'huile jusqu'à obtention d'une purée lisse. Poivrez et citronnez à votre goût. Mettez la préparation dans un bol (ou une verrine) et placez le tout au centre d'un plat de service.

Écalez les œufs de caille à demi, disposez-les autour du bol (ou de la verrine) de tapenade et servez.

Voir variantes p. 92

Amandes grillées au paprika

Pour 4 à 8 personnes

Servez ces amandes délicieusement croquantes à l'espagnole, avec un verre de xérès bien frais ou un bock de bière blonde.

1 c. à c. d'huile d'olive
200 g (7 oz) d'amandes émondées

Fleur de sel
$1/4$ de c. à c. de paprika

Chauffez l'huile dans une poêle antiadhésive. Faites-y griller les amandes 5 min environ, en remuant : elles doivent être joliment dorées.

Transférez-les dans un bol à l'écumoire, de façon à bien les égoutter. Saupoudrez-les généreusement de fleur de sel et de paprika, et remuez vigoureusement pour les enrober. Laissez refroidir, puis transférez dans un plat de service.

Voir variantes p. 93

Champignons boutons à l'ail

Pour 4 personnes

Servez ces champignons à l'ail, juteux et parfumés, avec des piques en bois pour que
vos convives puissent s'en délecter sans se salir les doigts.

1 ¹/₂ c. à s. d'huile d'olive
2 gousses d'ail écrasées
200 g (7 oz) de petits champignons
   de Paris, dits boutons

2 c. à s. de vin blanc sec
1 c. à c. de concentré de tomate
1 c. à c. de thym frais effeuillé
Sel et poivre noir moulu

Faites chauffer l'huile dans une poêle. Mettez-y l'ail à revenir 1 min à feu doux, en remuant.
Ajoutez les champignons et mélangez pour bien les enrober de matière grasse.

Mélangez le vin et le concentré de tomate dans un bol et versez le tout sur la préparation
précédente. Ajoutez la moitié du thym. Salez et poivrez. Faites cuire à feu doux, en remuant
de temps en temps, de 15 à 20 min : la quasi-totalité du liquide doit s'être évaporée et
les champignons doivent être bien juteux et luisants.

Transférez dans un plat de service. Servez chaud, tiède ou à température ambiante, parsemé
du reste de thym.

Voir variantes p. 94

Brochettes de crevettes marinées

Pour 4 personnes

Ces brochettes toutes simples, à la fois fraîches et pimentées, sont délicieuses à l'apéritif.
Vous pouvez également les servir en entrée, disposées sur un lit de salade verte.

1 c. à c. de racine de gingembre râpée
1 gousse d'ail écrasée
Le zeste de $^1/_2$ citron vert (bio de préférence)
    et le jus de 1 citron vert
Sel et poivre noir moulu

16 à 20 crevettes crues décortiquées
    et nettoyées
1 c. à s. de feuilles de menthe finement ciselées
Sauce aigre-douce pimentée pour servir

Mettez 16 à 20 brochettes en bambou à tremper dans de l'eau, un quart d'heure environ, pour
éviter qu'elles ne brûlent à la cuisson. Mélangez le gingembre, l'ail, le zeste et le jus de citron
vert dans un saladier. Salez et poivrez. Ajoutez les crevettes et mélangez de façon à bien
les enrober de marinade. Couvrez de film alimentaire et réservez 10 min au réfrigérateur.

Préchauffez le gril du four ou faites chauffer un gril à revêtement antiadhésif. Embrochez
1 crevette par pique, dans le sens de la longueur. Faites griller les brochettes 2 min,
en les retournant à mi-cuisson : elles doivent prendre une jolie couleur rose.

Disposez les brochettes dans un plat de service et parsemez-les de menthe. Servez aussitôt,
accompagné de sauce aigre-douce pimentée.

Voir variantes p. 95

Asperges au prosciutto et leur trempette crémeuse

Pour 4 personnes

Ces amuse-bouches raffinés peuvent être servis à l'apéritif ou, de manière plus formelle, en entrée lors d'un dîner entre amis. Vous pouvez tout préparer à l'avance : il ne vous restera plus qu'à enfourner les asperges lorsque vos invités arriveront.

10 cl ($^1/_3$ tasse) de crème fraîche 35 %
2 c. à s. de mayonnaise
$^1/_2$ c. à s. de ciboulette finement ciselée
Le zeste de 1 citron bio râpé
1 c. à s. de jus de citron

8 fines tranches de prosciutto
8 pointes d'asperges vertes
Huile d'olive pour arroser
Poivre noir moulu

Préchauffez le four à 375 °F (190 °C). Préparez la trempette crémeuse. Mélangez la crème, la mayonnaise, la ciboulette, le zeste et le jus de citron dans un bol. Couvrez de film alimentaire et réservez au réfrigérateur le temps de poursuivre la recette.

Enroulez 1 tranche de prosciutto autour de chaque pointe d'asperge. Disposez-les sur une plaque et arrosez-les d'huile. Poivrez légèrement et enfournez 6 à 7 min : les asperges doivent être bien tendres.

Disposez joliment dans un plat de service et accompagnez de la trempette crémeuse.

Voir variantes p. 96

Mini-mozzarellas à la menthe et au piment

Pour 4 personnes

Vous trouverez des mini-mozzarellas dans la plupart des fromageries ou des épiceries fines et, de plus en plus couramment, dans les supermarchés. À défaut, achetez une grosse boule de mozzarella et détaillez-la en morceaux.

255 g (9 oz) de mini-mozzarellas	1 c. à c. de feuilles de menthe finement ciselées
1/4 de c. à c. de piment rouge séché émietté	1 1/2 c. à s. d'huile d'olive vierge extra

Égouttez les mini-mozzarellas avec soin et mettez-les dans un saladier. Parsemez-les de piment et de menthe, puis arrosez-les d'huile. Mélangez délicatement.

Couvrez de film alimentaire et réservez au moins 1 h au réfrigérateur. Remettez à température ambiante une demi-heure avant de servir, avec des piques en bois.

Voir variantes p. 97

Mini-brochettes bicolores, sauce au basilic

Pour 20 pièces

Ces jolies brochettes rouges et blanches sont faciles à préparer, tout comme la sauce qui les accompagne – vous pouvez très bien la confectionner à l'avance et ainsi profiter au mieux de vos invités.

2 poignées de feuilles de basilic
2 c. à c. de câpres rincées et égouttées
$1/2$ c. à c. de moutarde de Dijon
1 $1/2$ c. à c. de vinaigre balsamique

4 c. à s. d'huile d'olive
Poivre noir moulu
115 g ($1/4$ lb) de mozzarella égouttée
20 tomates cerises

Préparez la sauce au basilic. Mixez les feuilles de basilic avec les câpres, la moutarde, le vinaigre et l'huile jusqu'à consistance lisse. Poivrez et mélangez bien. Transférez dans un bol, couvrez de film alimentaire et réservez au réfrigérateur jusqu'au moment de servir.

Découpez la mozzarella en 20 cubes de taille à peu près égale. Prenez 20 piques en bois. Enfilez sur chacune d'elles 1 cube de fromage et 1 tomate cerise. Disposez les mini-brochettes sur un plat de service et accompagnez-les de la sauce au basilic.

Voir variantes p. 98

Mini-brochettes de feta et de pastèque

Pour 24 pièces

Ces petites brochettes sont extrêmement rafraîchissantes. À grignoter sans retenue à l'heure de l'apéritif ou par une chaude soirée d'été.

1 tranche de pastèque de 450 g environ
200 g (7 oz) de feta

Jus de citron vert
Poivre noir moulu

Pelez et épépinez la tranche de pastèque. Détaillez sa chair en 24 cubes de taille à peu près égale. Découpez également la feta en 24 cubes.

Prenez 24 piques en bois ou en métal. Enfilez 1 cube de fromage et 1 cube de pastèque sur chacune d'elles. Citronnez et poivrez à votre goût juste avant de servir.

Voir variantes p. 99

Variantes

Olives marinées

Recette de base p. 75

Olives marinées au piment frais
Suivez la recette de base en remplaçant le piment séché par 1 petit piment
rouge frais, épépiné et finement émincé.

Olives marinées à la coriandre
Suivez la recette de base en ajoutant à la marinade $1/2$ c. à c. de graines
de coriandre grillées moulues.

Olives marinées à l'origan
Suivez la recette de base en remplaçant le romarin par 1 c. à c. d'origan
ciselé.

Olives marinées au cumin
Suivez la recette de base en remplaçant le romarin par $1/2$ c. à c. de cumin
en poudre.

Olives marinées à la menthe
Suivez la recette de base en remplaçant le romarin par 1 c. à c. de feuilles
de menthe finement ciselées.

Œufs de caille en tapenade rouge

Recette de base p. 77

Œufs de caille en tapenade rouge parfumée à la marjolaine
Suivez la recette de base en ajoutant $1/2$ c. à c. de marjolaine finement ciselée
à la tapenade.

Crostinis à la tapenade rouge et aux œufs de caille
Suivez la recette de base. Découpez 12 tranches de baguette et faites-les
griller au grille-pain. Tartinez chaque tranche d'une fine couche de tapenade,
surmontez de $1/2$ œuf de caille, parsemez de persil haché et servez.

Œufs de caille en tapenade rouge crémeuse
Suivez la recette de base en ajoutant 115 g ($1/2$ tasse) de fromage frais à la
tapenade.
Pour une saveur moins prononcée, augmentez la quantité de fromage frais.

Œufs de caille en tapenade rouge citron-estragon
Suivez la recette de base en ajoutant 2 c. à s. d'estragon finement ciselé
et le zeste de 1 citron (bio) râpé.

Amandes grillées au paprika

Recette de base p. 78

Amandes grillées et raisins
Suivez la recette de base en ajoutant 1 belle poignée de grains de raisin frais
(blanc ou noir) aux amandes refroidies.

Méli-mélo de fruits secs grillés aux épices
Suivez la recette de base en utilisant un mélange de fruits secs non salés
(amandes, noix de cajou et noix de pécan, par exemple).

Méli-mélo de fruits secs grillés et raisins
Suivez la recette de base en utilisant un mélange de fruits secs non salés
(amandes, noix de cajou et noisettes, par exemple) et en supprimant
le paprika. Lorsque le mélange a refroidi, ajoutez-y 1 poignée de raisins secs.

Noix de cajou grillées au curry
Suivez la recette de base en remplaçant les amandes par des noix de cajou
non salées et le paprika par du curry.

Méli-mélo de fruits secs et de graines grillés au paprika
Suivez la recette de base en utilisant un mélange de fruits secs et de graines
(amandes, noix de cajou, noix de pécan, graines de citrouille et de tournesol,
par exemple).

Champignons boutons à l'ail

Recette de base p. 81

Champignons boutons à l'ail épicés
Suivez la recette de base en ajoutant 1 pincée de piment rouge séché émietté
aux champignons.

Champignons boutons à l'ail et à la ciboulette
Suivez la recette de base en supprimant le thym. Servez les champignons
parsemés de 1 c. à s. de ciboulette finement ciselée.

Champignons boutons à l'ail, au xérès et à l'origan
Suivez la recette de base en remplaçant le vin blanc par du xérès et le thym
par $1/2$ c. à c. d'origan finement ciselé.

Champignons boutons à l'ail et à la crème
Suivez la recette de base en ajoutant 1 c. à s. de crème fraîche épaisse
aux champignons juste avant de servir, tiède ou chaud de préférence.

Champignons boutons à l'ail et au laurier
Suivez la recette de base en ajoutant 1 feuille de laurier en même temps
que le vin blanc et le thym. N'ôtez le laurier qu'au moment de servir.

Variantes

Brochettes de crevettes marinées

Recette de base p. 82

Brochettes de crevettes pimentées
Suivez la recette de base en ajoutant 1 piment rouge frais, épépiné et
finement émincé, à la marinade.

Brochettes de crevettes à l'aigre-doux
Suivez la recette de base en remplaçant le zeste et le jus de citron vert
par 2 c. à s. de sauce aigre-douce pimentée.

Brochettes de crevettes à la noix de coco
Suivez la recette de base et, juste avant de les faire cuire, roulez
les brochettes de crevettes dans 2 c. à s. de noix de coco râpée.

Brochettes de crevettes à la coriandre
Suivez la recette de base en remplaçant la menthe par 1 c. à s. de coriandre
finement ciselée.

Variantes

Asperges au prosciutto et leur trempette crémeuse

Recette de base p. 85

Asperges rôties et leur trempette crémeuse
Suivez la recette de base en supprimant simplement le prosciutto.

Asperges au prosciutto et leur trempette crémeuse à l'ail et au persil
Suivez la recette de base en ajoutant 1 petite gousse d'ail écrasée
à la trempette et en remplaçant la ciboulette par du persil.

Asperges au prosciutto et leur trempette crémeuse aux câpres
Suivez la recette de base en ajoutant 1 c. à c. de câpres hachées à la
trempette.

Asperges au prosciutto et leur trempette crémeuse à la coriandre
Suivez la recette de base en utilisant du zeste et du jus de citron
vert, au lieu du citron jaune, et en remplaçant la ciboulette par
1 c. à s. de coriandre finement ciselée.

Asperges au prosciutto et leur trempette crémeuse épicée
Suivez la recette de base en remplaçant la ciboulette par
$1/2$ à 1 c. à c. de harissa.

Mini-mozzarellas à la menthe et au piment

Recette de base p. 86

Mini-mozzarellas aux graines de fenouil
Suivez la recette de base en ajoutant $1/2$ c. à c. de graines de fenouil finement
moulues.

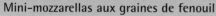

Mini-mozzarellas à l'ail
Suivez la recette de base en ajoutant $1/2$ gousse d'ail écrasée.

Mini-mozzarellas au basilic et au piment
Suivez la recette de base en remplaçant la menthe par 1 petite poignée
de feuilles de basilic ciselées.

Mini-mozzarellas à la sauge et au piment
Suivez la recette de base en remplaçant la menthe par $1/2$ c. à c. de feuilles
de sauge finement ciselées.

Variantes

Mini-brochettes bicolores, sauce au basilic

Recette de base p. 89

Mini-brochettes tomate-mozzarella-olive, sauce au basilic
Suivez la recette de base en ajoutant 1 olive noire dénoyautée sur
chaque pique.

Mini-brochettes bicolores, sauce à la roquette
Suivez la recette de base en remplaçant le basilic par 1 poignée de feuilles
de roquette ciselées.

Mini-brochettes tomate-mozzarella-avocat, sauce au basilic
Pelez et dénoyautez $1/2$ avocat. Découpez sa chair en 20 morceaux
de taille à peu près égale et citronnez-les aussitôt. Suivez la recette
de base en ajoutant 1 morceau d'avocat sur chaque pique.

Mini-brochettes tomate-mozzarella-oignon rouge, sauce au basilic
Coupez $1/2$ oignon rouge en quatre, puis séparez les quartiers en lamelles.
Suivez la recette de base en ajoutant 1 lamelle d'oignon rouge sur chaque
pique.

Variantes

Mini-brochettes de feta et de pastèque

Recette de base p. 90

Mini-brochettes feta-pastèque-olive
Suivez la recette de base en ajoutant 1 olive noire dénoyautée sur
chaque pique.

Mini-brochettes de feta et de melon
Suivez la recette de base en remplaçant la pastèque par du melon.

Mini-brochettes de brie et de raisin
Suivez la recette de base en remplaçant la feta par du brie et la pastèque
par de gros grains de raisin sans pépins. Supprimez le jus de citron.

Mini-brochettes de bleu et de poire
Pelez et épépinez 2 belles poires bien mûres. Coupez-les en 24 cubes de
taille à peu près égale. Citronnez-les aussitôt. Suivez la recette de base
en remplaçant la feta par du bleu et la pastèque par les cubes de poire.

Mini-brochettes de bleu et de figue
Lavez et épongez délicatement 4 figues fraîches. Coupez-les en 6.
Suivez la recette de base en remplaçant la feta par du bleu et
la pastèque par les tranches de figue. Supprimez le jus de citron.

En-cas

Vos invités auront à peine jeté un regard sur

ces en-cas alléchants qu'ils vous en réclameront

la recette. Assez roboratifs pour calmer les appétits,

ils vous permettront de les faire patienter jusqu'au

moment du repas.

Ailerons de poulet pimentés

Pour 12 pièces

Les ailerons de poulet rôtis, croustillants à souhait, font généralement l'unanimité
à l'apéritif. Mais ils peuvent également être servis en entrée, dressés sur un lit
de salade et accompagnés d'une trempette.

2 c. à s. de farine
2 c. à c. de piment de Cayenne en poudre
Sel

12 ailerons de poulet
Huile de tournesol pour la friture

Mettez la farine et le cayenne dans un sac en plastique alimentaire. Ajoutez 1 bonne pincée
de sel. Fermez le sac et secouez-le afin de mélanger les ingrédients. Ajoutez les ailerons
de poulet, refermez le sac et secouez-le de nouveau pour bien les fariner.

Remplissez une sauteuse d'huile aux deux tiers. Faites-la chauffer à 375 °F (190 °C) : à cette
température, un petit morceau de pain plongé dedans doit mettre 1 min pour dorer.
Faites-y frire les ailerons de poulet farinés, par 3 ou 4 à la fois, 10 min environ :
ils doivent être cuits à cœur et dorés à l'extérieur.

Mettez les ailerons frits à égoutter sur du papier absorbant et réservez-les au chaud
le temps de faire cuire le reste. Servez bien chaud.

Voir variantes p. 117

Petits pains à l'ail gratinés

Pour 8 pièces

Ces pains à l'ail constituent une manière originale de calmer les petites faims.

Pour la pâte
200 g (1 ¾ tasse) de farine blanche tout usage
   + un peu pour le plan de travail
1 c. à c. de levure de boulanger en poudre
½ c. à c. de sel
1 c. à s. d'huile d'olive + un peu pour la plaque
12 cl d'eau tiède
2 c. à s. de beurre pour le saladier

Pour la garniture
2 c. à s. d'huile d'olive
2 gousses d'ail écrasées
150 g (5 oz) de mozzarella coupée
   en tranches fines
Poivre noir moulu
1 c. à c. de persil haché pour parsemer

Mélangez la farine, la levure et le sel dans un grand saladier. Ménagez un puits au centre, puis versez-y l'huile et l'eau. Mélangez jusqu'à obtention d'une pâte souple. Pétrissez la pâte sur le plan de travail fariné, de 5 à 10 min, jusqu'à consistance élastique. Déposez-la dans un grand saladier beurré et couvrez de film alimentaire. Laissez lever 1 h environ dans un endroit tiède : la pâte doit doubler de volume.

Préchauffez le four à 425 °F (220 °C). Huilez une plaque à pâtisserie. Divisez la pâte en 8 parts égales et façonnez-les en disques. Disposez-les sur la plaque, en les espaçant bien. Mélangez l'huile et l'ail et badigeonnez-en les disques de pâte. Répartissez les tranches de fromage dessus, poivrez et enfournez 12 min environ : les pains doivent être dorés et bien gonflés. Servez chaud, parsemé de persil.

Voir variantes p. 118

Pizzettes au poivron et à la mozzarella

Pour 8 pièces

Ces savoureuses pizzettes, nappées d'une purée de poivrons, renouvellent agréablement la classique pizza à la sauce tomate.

1 pâte à pain (voir recette p. 103)
2 c. à s. d'huile d'olive + un peu pour la plaque
2 poivrons rouges épépinés et émincés
2 gousses d'ail écrasées
1 poignée de feuilles de basilic

1 c. à c. de vinaigre balsamique
Sel et poivre noir moulu
160 g (5 $\frac{1}{2}$ oz) de mozzarella coupée en tranches
2 poignées de roquette

Préparez la pâte à pain comme indiqué dans la recette p. 103. Pendant son repos, faites chauffer l'huile dans une poêle. Mettez-y les poivrons et l'ail à revenir 20 min environ, à feu doux, en remuant souvent : ils doivent être bien tendres. Puis mixez-les avec le basilic et le vinaigre jusqu'à consistance lisse. Assaisonnez à votre goût et réservez au frais.

Préchauffez le four à 425 °F (220 °C). Huilez une plaque à pâtisserie. Divisez la pâte en 8 parts égales et façonnez-les en disques. Disposez-les sur la plaque, en les espaçant bien. Déposez 1 c. à s. de la purée de poivrons sur chaque disque de pâte, recouvrez de 1 ou 2 tranches de mozzarella et poivrez. Enfournez 10 min environ : les pizzettes doivent être bien dorées. Parsemez de feuilles de roquette et servez sans attendre.

Voir variantes p. 119

Boulettes de riz à la mozzarella

Pour 4 personnes

Accompagnez ces boulettes fondantes d'une salade de tomates bien assaisonnée.

2 c. à s. d'huile d'olive
1 petit oignon finement émincé
1 gousse d'ail écrasée
140 g ($^2/_3$ tasse) de riz arborio
10 cl ($^1/_3$ tasse) de vin blanc sec
40 cl (1 $^2/_3$ tasse) de bouillon de légumes ou de
   volaille

30 g ($^1/_3$ tasse) de parmesan fraîchement râpé
2 c. à s. de persil finement haché
85 g (3 oz) de mozzarella coupée en 12 petits cubes
12 grandes feuilles de basilic
Huile de tournesol pour la friture
Sel et poivre noir moulu

Faites chauffer l'huile d'olive dans une sauteuse. Mettez-y l'oignon et l'ail à revenir 4 min environ, en remuant sans cesse. Ajoutez le riz et mélangez encore 2 min. Arrosez avec le vin blanc et laissez mijoter à feu doux, sans cesser de remuer, jusqu'à absorption complète du liquide. Ajoutez le bouillon et poursuivez la cuisson 20 min environ, en remuant régulièrement : le bouillon doit être entièrement absorbé et le riz bien crémeux. Incorporez le parmesan et le persil. Rectifiez l'assaisonnement si nécessaire. Laissez refroidir.

Divisez le riz froid en 12 parts égales. Enveloppez chaque cube de mozzarella de 1 feuille de basilic, puis de 1 portion de riz. Laissez reposer les boulettes ainsi obtenues 30 min. Remplissez une sauteuse d'huile de tournesol aux deux tiers. Faites-la chauffer à 375 °F (190 °C) : à cette température, un petit morceau de pain plongé dedans doit mettre 1 min pour dorer. Faites-y frire les boulettes 3 min environ, en les tournant. Égouttez-les sur du papier absorbant et servez.

Voir variantes p. 120

Frittata à la tomate séchée

Pour 6 personnes

Cette omelette épaisse – une spécialité italienne – est servie en quartiers,
pour accompagner l'apéritif, ou en parts, dressées sur un lit de salade, en entrée.

2 c. à s. d'huile d'olive
1 oignon finement émincé
Sel et poivre noir moulu
1 c. à c. de thym frais effeuillé
    + un peu pour parsemer

6 tomates séchées conservées à l'huile d'olive,
    égouttées et émincées
30 g ($^1/_3$ tasse) de parmesan fraîchement râpé
6 œufs légèrement battus

Faites chauffer l'huile dans une grande poêle résistant à la chaleur. Mettez-y l'oignon
à revenir avec du sel et le thym, 15 min environ, en remuant souvent. Ajoutez les tomates
séchées et rectifiez l'assaisonnement si nécessaire.

Incorporez le parmesan aux œufs battus. Poivrez. Versez le tout dans la poêle, sur l'oignon
et les tomates. Laissez cuire de 5 à 10 min : l'omelette doit être ferme, mais rester moelleuse
sur le dessus. Soulevez les bords de l'omelette de temps à autre pour faire couler l'œuf
encore liquide sur le fond de la poêle.

Préchauffez le gril du four. Enfournez la frittata 3 à 5 min. Servez chaud, tiède
ou à température ambiante, parsemé de thym frais.

Voir variantes p. 121

Feuilletés aux anchois et à l'oignon confit

Pour 12 pièces

Inspirés de la pissaladière, ces petits feuilletés garnis sont fort agréables en été, à l'heure de l'apéritif.

2 c. à s. d'huile d'olive
1 gros oignon rouge émincé
Sel et poivre noir moulu
1 c. à c. de thym frais effeuillé
   + un peu pour parsemer

2 c. à c. de cassonade
1 pâte feuilletée prête à l'emploi
Farine pour le plan de travail
12 filets d'anchois conservés à l'huile, égouttés
   et coupés en deux dans la longueur

Faites chauffer l'huile dans une grande poêle. Mettez-y l'oignon à revenir avec du sel, du poivre et le thym, 20 min environ à feu doux, en remuant régulièrement : l'oignon doit être tendre. Saupoudrez de la cassonade et poursuivez la cuisson 10 min, en remuant souvent : l'oignon doit être caramélisé. Rectifiez l'assaisonnement si nécessaire.

Préchauffez le four à 375 °F (190 °C). Sur le plan de travail fariné, étalez la pâte feuilletée en un rectangle de 2 mm d'épaisseur environ. Garnissez-en une grande plaque à pâtisserie tapissée de papier sulfurisé. Nappez-la d'oignon confit, puis disposez les filets d'anchois dessus en formant 12 croisillons bien espacés. Enfournez 25 min : la pâte doit être dorée et croustillante. Découpez en 12 carrés et servez chaud, tiède ou à température ambiante, parsemé de thym frais.

Voir variantes p. 122

Quartiers de pomme de terre, trempette au pesto

Pour 4 personnes

Ces quartiers de pomme de terre croustillants conviennent aussi bien pour l'apéritif que pour un dîner décontracté.

2 grosses pommes de terre	12 cl (¹/₂ tasse) de crème 35 %
2 c. à s. d'huile d'olive	1 c. à s. de pesto du commerce
Sel et poivre noir moulu	Feuilles de basilic pour servir

Préchauffez le four à 375 °F (190 °C). Lavez et épongez les pommes de terre. Coupez-les en gros morceaux sans les peler et disposez-les sur la lèchefrite du four. Arrosez-les de l'huile. Salez et poivrez. Mélangez bien.

Enfournez-les 30 à 35 min, en les retournant régulièrement en cours de cuisson : elles doivent être tendres à cœur et bien dorées à l'extérieur.

Pendant ce temps, mélangez la crème et le pesto dans un bol. Poivrez. Quand les pommes de terre sont cuites, servez-les sans attendre, accompagnées de la trempette et parsemées de feuilles de basilic.

Voir variantes p. 123

Camembert fondu

Pour 4 personnes

Cette recette inspirée de la fondue suisse est parfaite en hiver, quand la rudesse du climat appelle des en-cas roboratifs.

1 camembert dans sa boîte en bois   1 baguette moyenne

Préchauffez le four à 375 °F (190 °C). Ôtez le papier d'emballage du fromage et replacez-le dans sa boîte. Disposez le tout sur une plaque à pâtisserie et enfournez 20 min environ.

Découpez la baguette en petits morceaux de la taille d'une bouchée. Sortez le camembert du four et présentez-le directement dans sa boîte, sur un plat de service. Percez la croûte et invitez vos hôtes à plonger les morceaux de pain, à l'aide d'une fourchette ou d'une pique en bois, dans le fromage fondu.

Voir variantes p. 124

Canapés de polenta grillée au gorgonzola et à la roquette

Pour 4 personnes

Cet en-cas riche et goûteux sera particulièrement apprécié durant les frimas d'hiver. s

50 cl (2 tasses) d'eau
$^1/_4$ de c. à c. de sel
125 g ($^3/_4$ tasse) de polenta précuite
$^1/_2$ c. à c. de moutarde à l'ancienne
2 c. à c. de vinaigre balsamique

1 c. à s. d'huile d'olive + un peu pour la polenta
55 g (2 oz) de gorgonzola (ou autre bleu)
    coupé en 8 tranches fines
2 poignées de feuilles de roquette
Poivre noir moulu

Versez l'eau dans une casserole, ajoutez le sel et portez à ébullition. Ajoutez la polenta versée en pluie et faites épaissir 3 min en remuant sans cesse. Versez la polenta dans un plat ou sur une plaque à pâtisserie, sur 2 cm ($^3/_4$ po) d'épaisseur environ. Laissez refroidir. Mélangez la moutarde et le vinaigre dans un bol, puis émulsionnez avec l'huile. Réservez.

Chauffez un gril en fonte. À l'aide d'un emporte-pièce de 8 cm (2 $^3/_4$ po) de diamètre (ou d'un verre retourné), découpez 8 disques dans la polenta refroidie. Badigeonnez-les d'huile d'olive, au pinceau, sur les deux faces. Faites-les griller 4 à 5 min, jusqu'à ce qu'ils soient marqués de stries brunes, puis retournez-les à la spatule. Recouvrez-les de 1 tranche de fromage et poursuivez la cuisson 3 à 4 min. Disposez les canapés sur un plat de service, parsemez de feuilles de roquette et arrosez de la vinaigrette. Poivrez légèrement et servez aussitôt.

Voir variantes p. 125

Ailerons de poulet pimentés

Recette de base p. 101

Ailerons de poulet au gingembre
Suivez la recette de base en agrémentant la farine de 1 c. à c. de racine
de gingembre râpée à la place du piment de Cayenne.

Ailerons de poulet au paprika
Suivez la recette de base en remplaçant le cayenne par 2 c. à c. de paprika
doux.

Ailerons de poulet aux quatre épices
Suivez la recette de base en remplaçant le cayenne par 2 c. à c. de cumin
en poudre, 2 c. à c. de graines de coriandre moulues, 1 c. à c. de paprika
et $1/2$ c. à c de piment rouge séché émietté.

Ailerons de poulet au curry
Suivez la recette de base en ajoutant 2 c. à c. de curry en poudre à la farine
au lieu du piment de Cayenne.

Variantes

Petits pains à l'ail gratinés

Recette de base p. 103

Petits pains aillés
Façonnez les petits pains suivant la recette de base et, à l'aide d'un couteau bien aiguisé, pratiquez plusieurs entailles sur le dessus de chacun d'eux. Enfournez 12 min environ. Pendant ce temps, mélangez 55 g ($^1/_4$ tasse) de beurre mou avec 2 gousses d'ail écrasées et du poivre noir moulu. Badigeonnez-en les petits pains cuits et parsemez-les de persil haché.

Petits pains à l'ail gratinés aux herbes variées
Suivez la recette de base en remplaçant le persil par du thym frais effeuillé ou de la ciboulette finement ciselée.

Petits pains à l'ail gratinés au pesto
Suivez la recette de base en badigeonnant chaque boule de pâte de $^1/_2$ c. à c. de pesto du commerce avant d'arroser d'huile aillée.

Petits pains à l'ail gratinés au piment
Suivez la recette de base en parsemant les petits pains de piment rouge séché émietté juste avant de les enfourner.

Variantes

Pizzettes au poivron et à la mozzarella

Recette de base p. 104

Pizzettes au poivron, à la mozzarella et au chorizo
Suivez la recette de base en ajoutant quelques tranches de chorizo sur
les disques de pâte avant de les enfourner. Servez avec ou sans roquette.

Pizzettes au poivron, à la mozzarella et à la courgette grillée
Lavez et épongez 1 courgette, ôtez-en les bouts et coupez-la en fines
rondelles. Badigeonnez-les d'huile d'olive et faites-les cuire sur un gril
en fonte 4 min de chaque côté : elles doivent être tendres et bien grillées.
Suivez la recette de base en ajoutant les rondelles de courgette grillées
sur les disques de pâte avant de les enfourner. Servez sans roquette.

Pizzettes au poivron, à la mozzarella et aux olives
Suivez la recette de base en ajoutant quelques olives noires, dénoyautées
et émincées, sur les disques de pâte avant de les enfourner. Servez avec
ou sans roquette.

Pizzettes au poivron, à la mozzarella, aux câpres et aux pignons
Suivez la recette de base en ajoutant 2 c. à c. de câpres, rincées et égouttées,
et 1 c. à s. de pignons de pin sur les disques de pâte avant de les enfourner.
Servez avec ou sans roquette.

Variantes

Boulettes de riz à la mozzarella

Recette de base p. 107

Boulettes de riz à la mozzarella et à la ciboulette
Suivez la recette de base en remplaçant le persil par 2 c. à s. de ciboulette
finement ciselée. Supprimez le basilic.

Boulettes de riz à la mozzarella et à la sauge
Suivez la recette de base en remplaçant le persil par 2 c. à c. de sauge
finement ciselée. Supprimez le basilic.

Boulettes de riz au bleu
Suivez la recette de base en remplaçant la mozzarella par du bleu.
Supprimez le basilic.

Boulettes de riz à la mozzarella et aux herbes variées
Suivez la recette de base en ajoutant au riz, en même temps que le persil,
2 c. à s. de ciboulette et 2 c. à c. de feuilles de menthe finement ciselées.

Variantes

Frittata à la tomate séchée

Recette de base p. 108

Frittata à la tomate séchée et aux poireaux
Suivez la recette de base en remplaçant l'oignon par 2 poireaux finement
émincés.

Frittata aux poivrons grillés
Suivez la recette de base en ajoutant 3 poivrons grillés émincés en même
temps que les tomates séchées.

Frittata à la tomate séchée et à la sauge
Suivez la recette de base en remplaçant le thym par $1/2$ c. à c. de sauge
finement ciselée.

Frittata pimentée à la tomate séchée
Suivez la recette de base en faisant cuire l'oignon avec 1 ou 2 piments
frais épépinés et finement émincés.

Feuilletés aux anchois et à l'oignon confit

Recette de base p. 111

Feuilletés aux anchois, à l'oignon confit et aux raisins secs
Suivez la recette de base en parsemant le rectangle de pâte feuilletée
de 1 poignée de raisins de Corinthe 10 min avant la fin de la cuisson.

Feuilletés aux anchois, à l'oignon confit et au parmesan
Suivez la recette de base en saupoudrant le rectangle de pâte feuilletée
de parmesan fraîchement râpé juste avant de servir.

Feuilletés aux anchois, à l'oignon confit et aux olives
Suivez la recette de base en parsemant le rectangle de pâte feuilletée
de 1 poignée d'olives noires, dénoyautées et émincées, juste avant de servir.

Feuilletés aux anchois, à l'oignon confit et à l'origan
Suivez la recette de base en remplaçant le thym par de l'origan.

Feuilletés au prosciutto et à l'oignon confit
Coupez 4 tranches de prosciutto en lanières. Suivez la recette de base
en remplaçant les anchois par les lanières de prosciutto, que vous disposerez
sur le rectangle de pâte feuilletée 10 min avant la fin de la cuisson.

Variantes

Quartiers de pomme de terre, trempette au pesto

Recette de base p. 112

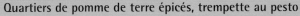

Quartiers de pomme de terre épicés, trempette au pesto
Suivez la recette de base en ajoutant à l'huile d'olive 1 c. à c. de piment rouge
séché émietté et 1 c. à c. de cumin en poudre avant d'en arroser les pommes de
terre.

Quartiers de pomme de terre, mayonnaise à l'estragon
Suivez la recette de base en remplaçant la crème par de la mayonnaise
et le pesto par 2 c. à s. d'estragon finement ciselé.

Quartiers de pomme de terre, trempette à la purée de tomates confites
Suivez la recette de base en utilisant de la purée de tomates confites
au lieu du pesto.

Quartiers de pomme de terre, mayonnaise au citron
Suivez la recette de base en remplaçant la crème par de la mayonnaise
et le pesto par 2 c. à s. de jus de citron et 1 c. à c. de zeste de citron
(bio) râpé.

Quartiers de pomme de terre, mayonnaise pimentée au citron
Suivez la recette de base en remplaçant la crème par de la mayonnaise et
le pesto par 2 c. à c. de zeste de citron (bio) râpé et un peu de Tabasco.

Variantes

Camembert fondu

Recette de base p. 115

Camembert fondu aux pommes de terre nouvelles
Suivez la recette de base en remplaçant la baguette par des petites pommes de terre nouvelles cuites à l'eau.

Camembert fondu aux gressins
Suivez la recette de base en remplaçant la baguette par des gressins.

Camembert fondu aux tomates cerises
Suivez la recette de base en remplaçant la baguette par des tomates cerises.

Camembert fondu aux croûtons aillés
Suivez la recette de base en découpant la baguette en tranches régulières. Faites-les griller au grille-pain, puis frottez-en une face avec une gousse d'ail coupée juste avant de servir. Chacun tartinera ses croûtons de camembert fondu à l'envi.

Vacherin fondu
Suivez la recette de base en remplaçant le camembert par un vacherin.

Canapés de polenta grillée au gorgonzola et à la roquette

Recette de base p. 116

Canapés de polenta grillée au gorgonzola et aux épinards
Suivez la recette de base en remplaçant la roquette par de jeunes pousses d'épinards.

Canapés de polenta grillée au gorgonzola et aux tomates cerises
Suivez la recette de base en ajoutant 1 tomate cerise coupée en deux sur chaque disque de polenta.

Canapés de polenta grillée au gorgonzola et à la poire
Suivez la recette de base en ajoutant quelques morceaux de poire pelée sur chaque disque de polenta.

Canapés de polenta grillée au gorgonzola et à la figue
Suivez la recette de base en ajoutant 1 ou 2 lamelles de figue fraîche sur chaque disque de polenta.

Tapas

Ces petits amuse-bouches d'inspiration espagnole
sont traditionnellement servis avec l'apéritif. Pour
varier les plaisirs et combler au mieux vos invités,
n'hésitez pas à en préparer un large assortiment.
Convivialité assurée !

Boulettes de bœuf à la tomate

Pour 4 personnes

Ces boulettes très parfumées constituent de savoureux amuse-bouches. Si vous les servez à l'apéritif, présentez-les avec des piques en bois. En entrée, veillez à les accompagner de pain frais pour que vos convives puissent saucer à l'envi.

175 g (6 oz) de viande de bœuf hachée à 5 % de MG
1/4 d'oignon très finement émincé
1/2 gousse d'ail écrasée
1 c. à c. d'origan finement ciselé

1 c. à c. de parmesan fraîchement râpé
Sel et poivre noir moulu
1 c. à s. d'huile d'olive
225 g (8 oz) de tomates pelées et concassées

Mettez la viande hachée, l'oignon, l'ail, la moitié de l'origan et le parmesan dans un grand saladier. Salez et poivrez, puis mélangez jusqu'à homogénéité. Façonnez la préparation en une vingtaine de boulettes de la taille d'une bouchée.

Chauffez l'huile dans une grande poêle antiadhésive. Faites-y dorer les boulettes de viande par petites quantités, en les retournant régulièrement.

Une fois toutes les boulettes dorées, remettez-les dans la poêle, ajoutez les tomates et le reste d'origan. Salez et poivrez. Laissez mijoter 20 min environ : les boulettes doivent être tendres et cuites à cœur. Servez chaud ou tiède.

Voir variantes p. 142

Moules gratinées

Pour 4 personnes

Les Espagnols raffolent des coquillages. Cette préparation simple, mais raffinée, sublime à merveille la saveur subtilement iodée des moules.

500 g (1 lb 2 oz) de moules grattées et nettoyées
4 c. à s. de chapelure fine
3 c. a s. de parmesan fraîchement râpé
2 gousses d'ail écrasées

2 c. à s. de persil finement haché
2 $^1/_2$ c. à s. d'huile d'olive
Poivre noir moulu

Triez les moules : jetez celles qui sont ouvertes ou qui ne se referment pas quand vous les tapotez d'un coup sec.

Mettez les moules dans une grande casserole avec 3 c. à s. d'eau. Couvrez et faites cuire 5 min à feu vif, en secouant régulièrement le récipient.

Jetez les coquillages qui ne se sont pas ouverts. Ôtez la coquille supérieure des autres moules et disposez les coquilles inférieures pleines sur un grand plat résistant à la chaleur.

Préchauffez le gril du four. Dans un bol, mélangez la chapelure avec le parmesan, l'ail, le persil et l'huile. Poivrez légèrement. À l'aide d'une petite cuillère, répartissez cette préparation sur les moules. Enfournez 2 min : le dessus doit être gratiné. Servez sans attendre.

Voir variantes p. 143

Crevettes à l'ail et au piment

Pour 4 personnes

Servez ces délicieuses crevettes avec de la baguette légèrement grillée afin que vos invités puissent saucer leur huile de cuisson parfumée à l'ail et au piment.

3 c. à s. d'huile d'olive
1 gousse d'ail écrasée
1/4 de c. à c. de piment rouge séché émietté

20 crevettes crues (non décortiquées)
Tranches de baguette légèrement grillées
   pour servir

Faites chauffer l'huile dans une grande poêle. Mettez-y l'ail et le piment à revenir 1 min environ : l'huile doit être bien parfumée. Ajoutez les crevettes et faites-les cuire 3 à 4 min, en les retournant de temps en temps : elles doivent être roses et cuites à cœur.

Disposez les crevettes dans un plat de service. Arrosez-les de leur huile de cuisson et servez sans attendre, accompagné de tranches de baguette grillées.

Voir variantes p. 144

Tortilla aux petits pois

Pour 8 personnes

Servez cette omelette épaisse coupée en morceaux, à l'apéritif, avec des tomates cerises.

2 c. à s. d'huile d'olive
2 oignons rouges finement émincés
Sel et poivre noir moulu

300 g (2 tasses) de petits pois surgelés, décongelés
6 œufs
2 c. à c. de feuilles de menthe finement ciselées

Chauffez l'huile dans une poêle de 24 cm (9 po) de diamètre résistant à la chaleur. Faites-y suer les oignons avec un peu de sel, 25 min environ à feu doux : ils doivent être tendres et translucides. Rectifiez l'assaisonnement en sel, poivrez et ajoutez les petits pois.

Battez les œufs en omelette avec du sel, du poivre et la menthe. Versez-les dans la poêle, sur les légumes. Faites cuire 10 min environ à feu doux, en relevant régulièrement les bords de l'omelette pour permettre à l'œuf liquide de couler jusqu'au fond de la poêle.

Préchauffez le gril du four. Quand l'omelette est prise mais le dessus encore moelleux, enfournez la 5 min environ : elle doit être ferme et dorée. Laissez la reposer quelques instants. Servez tiède ou à température ambiante, coupée en petits morceaux et accompagnée de piques en bois.

Voir variantes p. 145

Pinchos

Pour 12 pièces

En Espagne, ces petites brochettes sont traditionnellement servies à l'heure de l'apéritif. Très légères, elles raviront vos invités avant qu'ils ne passent à table, sans pour autant leur couper l'appétit.

12 filets d'anchois (en conserve ou marinés)
    bien égouttés

12 grosses câpres
12 petits cornichons

Enroulez les filets d'anchois sur eux-mêmes, puis enfilez-les sur 12 piques en bois.

Ajoutez 1 cornichon et 1 câpre sur chaque pique et servez.

Voir variantes p. 146

Croquettes de morue à l'aïoli

Pour 4 personnes

Pour cette recette, pensez à faire dessaler la morue 24 heures à l'avance, en changeant l'eau trois ou quatre fois.

20 cl (³/₄ tasse) de lait
225 g (¹/₂ lb) de morue dessalée
225 g (¹/₂ lb) de pommes de terre cuites à l'eau
  et réduites en purée
1 échalote finement émincée
2 c. à s. de persil finement haché
Poivre noir moulu
Le jus de ¹/₂ citron
2 c. à s. de farine

1 œuf légèrement battu
40 g (¹/₂ tasse) de chapelure fine
Huile de tournesol pour la friture

Pour l'aïoli
12 cl (¹/₂ tasse) de mayonnaise
1 ¹/₂ gousse d'ail écrasée
1 c. à c. de jus de citron

Versez le lait dans une casserole moyenne et portez-le à ébullition. Faites-y pocher la morue dessalée 12 min environ : la chair du poisson doit s'effilocher facilement. Ôtez la peau de la morue et émiettez-la dans un grand saladier en supprimant les arêtes. Ajoutez la purée de pommes de terre, l'échalote et le persil. Mélangez jusqu'à homogénéité. Poivrez et incorporez le jus de citron. Façonnez la préparation en 8 à 12 croquettes. Farinez-les, puis passez-les dans l'œuf battu et roulez-les dans la chapelure. Disposez les croquettes sur une plaque à pâtisserie et réservez au moins 30 min au réfrigérateur. Pendant ce temps, préparez l'aïoli. Mélangez la mayonnaise, l'ail et le jus de citron dans un bol. Poivrez légèrement et réservez au frais. Faites chauffer une grande poêle remplie d'huile aux deux tiers. Mettez-y les croquettes à dorer 3 min de chaque côté. Égouttez-les sur du papier absorbant et servez-les avec l'aïoli.

Voir variantes p. 147

Épinards à l'ail et aux pignons

Pour 4 personnes

Ce grand classique des tapas espagnoles est particulièrement savoureux. Servez-le avec d'autres préparations analogues, comme des olives marinées ou de simples cœurs d'artichaut en bocal. Prévoyez du pain grillé ou croustillant en accompagnement.

2 c. à s. d'huile d'olive
3 c. à s. de pignons de pin
2 gousses d'ail écrasées

250 g (9 oz) de jeunes pousses d'épinards
Sel et poivre noir moulu

Faites chauffer l'huile dans une grande poêle antiadhésive. Mettez-y les pignons à revenir 2 à 3 min en remuant : ils doivent être dorés. Ajoutez l'ail et poursuivez la cuisson 30 secondes.

Ajoutez les pousses d'épinards et faites cuire encore 3 min, en remuant régulièrement : elles doivent être ramollies et flétries. Salez et poivrez. Servez sans attendre.

Voir variantes p. 148

Pommes de terre au chorizo

Pour 4 personnes

Cette variante des *patatas bravas* espagnoles accompagne idéalement une sangria. Choisissez de préférence de toutes petites pommes de terre, pour un fondant unique, et n'oubliez pas les piques en bois !

400 g (14 oz) de petites pommes de terre nouvelles
Gros sel
3 c. à s. d'huile d'olive

200 g (7 oz) de chorizo pelé et coupé en morceaux
2 gousses d'ail écrasées
$1/2$ c. à c. de piment rouge séché émietté
Persil finement haché pour parsemer

Brossez les pommes de terre sous l'eau courante, mais ne les pelez pas. Coupez les plus grosses en deux. Faites-les cuire 10 min environ dans une casserole d'eau bouillante salée : elles doivent être tendres. Égouttez-les avec soin et reversez-les dans la casserole chaude pour qu'elles finissent de s'assécher.

Faites chauffer l'huile dans une grande poêle. Mettez-y les pommes de terre à revenir 5 min environ, en remuant régulièrement. Ajoutez le chorizo et poursuivez la cuisson jusqu'à ce que les pommes de terre soient dorées et croustillantes.

Parsemez d'ail et de piment, puis laissez cuire encore 2 à 3 min. Transférez dans un plat de service. Parsemez de persil et salez légèrement. Servez sans attendre.

Voir variantes p. 149

Variantes

Boulettes de bœuf à la tomate

Recette de base p. 127

Boulettes de bœuf à la tomate et au poivron grillé
Suivez la recette de base en ajoutant 1 poivron grillé finement émincé
en même temps que la tomate.

Boulettes de bœuf à la tomate et au piment
Suivez la recette de base en agrémentant la sauce de $1/4$ de c. à c. de piment
rouge séché émietté.

Boulettes de bœuf à la tomate et au thym
Suivez la recette de base en remplaçant l'origan par du thym frais effeuillé.

Boulettes de bœuf à la tomate et au basilic
Suivez la recette de base en remplaçant l'origan par 1 poignée de feuilles
de basilic ciselées.

Boulettes de bœuf aux tomates confites
Suivez la recette de base en agrémentant la sauce de 3 tomates séchées
conservées à l'huile d'olive, égouttées et émincées.

Variantes

Moules gratinées

Recette de base p. 129

Moules gratinées à la ciboulette
Suivez la recette de base en remplaçant le persil par de la ciboulette
finement ciselée.

Moules gratinées à l'échalote
Suivez la recette de base en ajoutant 1 échalote finement émincée
à la chapelure.

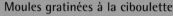

Moules gratinées à l'estragon
Suivez la recette de base en remplaçant le persil par 1 c. à s. d'estragon ciselé.

Moules gratinées au piment de Cayenne
Suivez la recette de base en remplaçant le poivre par 1 bonne pincée
de piment de Cayenne en poudre.

Variantes

Crevettes à l'ail et au piment

Recette de base p. 130

Crevettes à l'ail et au poivre
Suivez la recette de base en remplaçant le piment séché par du poivre noir moulu.

Crevettes à l'ail, au piment et au citron
Suivez la recette de base en parsemant les crevettes cuites de ¹/₄ de c. à c. de zeste de citron (bio) râpé juste avant de servir.

Crevettes à l'ail, au piment et au persil
Suivez la recette de base en parsemant les crevettes cuites de 1 à 2 c. à s. de persil finement haché juste avant de servir.

Crevettes à l'ail, au piment et à la ciboulette
Suivez la recette de base en parsemant les crevettes cuites de 1 à 2 c. à s. de ciboulette finement ciselée juste avant de servir.

Variantes

Tortilla aux petits pois

Recette de base p. 133

Tortilla traditionnelle
Suivez la recette de base en remplaçant les petits pois par 300 g
(10 ½ oz) de pommes de terre cuites, pelées et émincées, et la menthe par
1 c. à s. de thym frais effeuillé.

Tortilla aux petits pois et au chorizo
Suivez la recette de base en ajoutant à la garniture 55 g (2 oz) de chorizo
(doux ou fort, selon votre goût) pelé et finement tranché.

Tortilla aux petits pois et aux tomates confites
Suivez la recette de base en ajoutant à la garniture 4 tomates séchées
conservées à l'huile d'olive, égouttées et émincées.

Tortilla aux fèves
Suivez la recette de base en remplaçant les petits pois par des fèves
cuites légèrement croquantes et dérobées (sans la peau).

Variantes

Pinchos

Recette de base p. 134

Pinchos traditionnels
Suivez la recette de base en supprimant les cornichons.

Pinchos pimentés
Suivez la recette de base en utilisant des morceaux de piment au vinaigre (pickles) à la place des cornichons.

Pinchos végétariens
Suivez la recette de base en utilisant des lamelles de poivron grillé à la place des anchois.

Pinchos végétariens pimentés
Suivez la recette de base en remplaçant les anchois par des lamelles de poivron grillé et les cornichons par des morceaux de piment au vinaigre (pickles).

Variantes

Croquettes de morue à l'aïoli

Recette de base p. 137

Croquettes de morue, mayonnaise au citron
Suivez la recette de base en remplaçant l'ail de la sauce par
1/4 de c. à c. de zeste de citron (bio) râpé.

Croquettes de morue, mayonnaise aux fines herbes
Suivez la recette de base en remplaçant l'ail de la sauce par
1 c. à s. de ciboulette et 2 c. à c. d'estragon finement ciselés.

Croquettes de morue, mayonnaise au pesto
Suivez la recette de base en remplaçant l'ail et le jus de citron de la sauce
par 1 c. à s. de pesto du commerce.

Croquettes de morue à la sauce tomate
Suivez la recette de base en remplaçant l'aïoli par une sauce tomate
du commerce.

Épinards à l'ail et aux pignons

Recette de base p. 138

Épinards à l'ail, aux pignons et aux raisins secs
Suivez la recette de base en ajoutant 2 c. à s. de raisins secs à la préparation juste avant de servir.

Épinards à l'ail, aux pignons et au chorizo
Suivez la recette de base en faisant revenir les pignons avec 55 g (2 oz) de chorizo (doux ou fort, selon votre goût) pelé et coupé en petits morceaux.

Épinards à l'ail, aux pignons et au piment
Suivez la recette de base en parsemant les épinards cuits de 1 bonne pincée de piment rouge séché émietté.

Épinards à l'ail, aux pignons et au citron
Suivez la recette de base en incorporant le jus de $^1/_2$ citron à la préparation.

Épinards à l'ail, aux pignons et à la coriandre
Suivez la recette de base en ajoutant 2 c. à s. de coriandre finement ciselée à la préparation juste avant de servir.

Variantes

Pommes de terre au chorizo

Recette de base p. 141

Pommes de terre à l'ail et au piment
Suivez la recette de base en supprimant simplement le chorizo.

Pommes de terre au chorizo et à la marjolaine
Suivez la recette de base en remplaçant le persil par 1 c. à c. de marjolaine finement ciselée.

Pommes de terre au chorizo, aïoli maison
Suivez la recette de base et accompagnez vos pommes de terre d'un aïoli maison (voir recette p. 137).

Pommes de terre au chorizo, mayonnaise au citron
Suivez la recette de base et accompagnez vos pommes de terre d'une mayonnaise au citron : mélangez 12 cl (½ tasse) de mayonnaise avec 1 c. à s. de zeste de citron (bio) râpé, 2 c. à s. de jus de citron et un peu de Tabasco.

Mezze

Ces amuse-bouches traditionnellement servis en Grèce, en Turquie et au Liban sont délicieusement parfumés. Qu'il s'agisse de trempettes, de salades ou de boulettes de viande, ils conviennent à toutes les occasions et à tous les palais.

Cigares feuilletés à la feta

Pour 16 pièces

Ces amuse-bouches croustillants à souhait sont très faciles à préparer. Servez-les
à l'apéritif ou en entrée, avec d'autres mezze dressés sur un lit de salade.

200 g (7 oz) de feta émiettée	Poivre noir moulu
1 $\frac{1}{2}$ c. à s. de feuilles de menthe ciselées	8 feuilles de pâte filo
2 œufs battus	50 g ($\frac{1}{4}$ tasse) de beurre fondu

Préchauffez le four à 375 °F (190 °C). Huilez légèrement une plaque à pâtisserie.
Mettez la feta, la menthe et les œufs battus dans un saladier. Poivrez et mélangez bien.

Disposez les feuilles de pâte filo sur le plan de travail et coupez-les en deux dans le sens
de la longueur de façon à obtenir 16 bandes de pâte. Prenez-en une et couvrez les autres
d'un torchon humide pour qu'elles ne se dessèchent pas. Badigeonnez la bande prélevée
de beurre fondu, au pinceau, et déposez 1 c. à c. de préparation à base de feta à l'une
de ses extrémités. Commencez à la rouler pour enfermer la garniture. Après avoir effectué
1 ou 2 tours, repliez les bords de la bande de pâte vers l'intérieur, puis continuez de l'enrouler
de manière à obtenir un cigare bien fermé. Déposez-le sur la plaque et badigeonnez-le
de beurre fondu. Procédez de même avec les autres bandes.

Faites cuire les cigares 15 min environ : ils doivent être dorés et croustillants. Servez-les
chauds ou laissez-les tiédir sur une grille.

Voir variantes p. 167

Feuilles de vigne farcies

Pour 20 pièces

Voici des amuse-bouches moelleux et savoureux, au délicat parfum de menthe fraîche.

100 g ($^1/_2$ tasse) de riz cuit
2 échalotes finement émincées
2 c. à s. de feuilles de menthe finement ciselées
3 c. à s. d'huile d'olive

Le jus de 1 citron
Sel et poivre noir moulu
20 feuilles de vigne en boîte, rincées et égouttées
Quartiers de citron et tomates cerises pour servir

Mettez le riz, les échalotes et la menthe dans un saladier. Ajoutez 1 c. à s. d'huile, la moitié du jus de citron, du sel et du poivre. Mélangez jusqu'à homogénéité.

Étalez 1 feuille de vigne sur le plan de travail. Déposez 1 c. à s. de la préparation précédente en bas de la feuille. Commencez à la rouler pour enfermer la garniture. Après avoir effectué 1 ou 2 tours, repliez les bords de la feuille vers l'intérieur, puis continuez de l'enrouler de façon à obtenir un cigare bien fermé. Déposez-le dans un panier à cuisson vapeur. Faites de même avec les autres feuilles de vigne. Placez le panier au-dessus d'une casserole d'eau frémissante. Arrosez les feuilles de vigne farcies avec le reste d'huile et faites-les cuire à la vapeur 40 min environ, en vérifiant régulièrement le niveau d'eau dans la casserole (ajoutez-en si besoin).

Disposez les rouleaux sur un plat de service, arrosez-les avec le reste de jus de citron, puis laissez-les refroidir. Servez à température ambiante, accompagnés de quartiers de citron et de tomates cerises.

Voir variantes p. 168

Taboulé en nid de laitue

Pour 4 personnes

Le taboulé est une salade à base de boulgour (blé concassé précuit) richement parfumée d'herbes fraîches. Pour plus d'originalité, il est ici présenté dans des coques de salade croquante. Servez-le en entrée ou lors d'un apéritif décontracté.

115 g (¹/₂ tasse) de boulgour
Sel et poivre noir moulu
30 g (¹/₃ tasse) de persil finement haché
15 g (¹/₄ tasse) de feuilles de menthe finement
    ciselées

2 tomates mûres épépinées et coupées en dés
2 c. à s. d'huile d'olive
Le jus de ¹/₂ citron
12 feuilles de cœur de laitue

Mettez le boulgour dans un grand saladier. Ajoutez 1 bonne pincée de sel et de l'eau bouillante (voir indications portées sur l'emballage). Mélangez, couvrez et laissez reposer 20 min environ. Égouttez avec soin et laissez refroidir.

Mélangez le boulgour refroidi avec le persil, la menthe et les dés de tomate. Salez et poivrez. Arrosez le tout d'huile et de jus de citron. Mélangez bien. Laissez macérer quelques heures au réfrigérateur.

Disposez les feuilles de cœur de laitue sur un plat de service. Remplissez-les de taboulé et servez sans attendre.

Voir variantes p. 169

Tomates cerises à l'ail sur canapés d'aubergine

Pour 4 personnes

Ces amuse-bouches végétariens d'inspiration méditerranéenne constituent une entrée raffinée, surtout si vous les décorez d'une feuille de basilic frais juste avant de servir.

1 aubergine coupée en 12 tranches	2 gousses d'ail écrasées
2 c. à s. d'huile d'olive + un peu pour badigeonner	450 g (1 lb) de tomates cerises coupées en deux
Sel et poivre noir moulu	1 poignée de feuilles de basilic hachées

Faites chauffer un gril en fonte. Badigeonnez les deux faces des tranches d'aubergine d'huile, au pinceau, puis salez-les et poivrez-les.

Faites griller les tranches d'aubergine par petites quantités, 5 min de chaque côté : elles doivent être bien tendres. Transférez-les au fur et à mesure dans un grand plat et gardez-les au chaud.

Parallèlement, faites chauffer l'huile dans une poêle. Mettez-y l'ail à revenir 1 min environ, puis ajoutez les tomates. Salez et poivrez. Laissez cuire 10 min environ : la chair doit être fondante. Rectifiez l'assaisonnement si nécessaire, ajoutez le basilic et mélangez.

Disposez les tranches d'aubergine grillées sur un plat de service. Répartissez les tomates cerises dessus et servez sans attendre.

Voir variantes p. 170

Falafels, trempette au yogourt

Pour 16 pièces (4 personnes)

Pour cette recette, utilisez des pois chiches secs et non en boîte – sinon, les falafels risquent de se défaire à la cuisson.

200 g (1 tasse) de pois chiches secs, trempés 12 h
1 oignon finement émincé
1 gousse d'ail finement émincée
1 c. à c. de cumin en poudre
1 c. à c. de graines de coriandre moulues
1 bonne pincée de piment de Cayenne en poudre

Sel et poivre noir moulu
2 c. à s. de persil finement haché
12 cl ($^1/_2$ tasse) de yogourt nature
1 $^1/_2$ c. à s. de feuilles de menthe finement ciselées
Huile de tournesol pour la friture

Égouttez les pois chiches *cuits* avec soin. Mixez-les avec l'oignon, l'ail, le cumin, la coriandre et le cayenne jusqu'à obtention d'une purée lisse. Salez et poivrez. Incorporez le persil. Façonnez la préparation en 16 boulettes avec vos mains humides. Réservez 30 min environ au réfrigérateur.

Pendant ce temps, mélangez le yogourt et la menthe dans un bol. Salez et poivrez. Réservez au réfrigérateur jusqu'au moment de servir.

Faites chauffer une poêle remplie d'huile aux deux tiers. Mettez-y les falafels à revenir 5 min environ, en les retournant de temps en temps : ils doivent être croquants et uniformément dorés. Servez chaud ou froid, accompagné de la trempette au yogourt.

Voir variantes p. 171

Hoummos

Pour 4 personnes

Cette préparation typique du Moyen-Orient est généralement servie avec du pain pita ou des bâtonnets de légumes crus. Proposez-la seule ou avec d'autres mezze.

400 g (14 oz) de pois chiches en boîte, rincés et
    égouttés
1 gousse d'ail écrasée
1 c. à c. de cumin en poudre
1 c. à c. de graines de coriandre moulues

1 c. à s. de tahini (pâte de sésame)
3 c. à s. d'huile d'olive
Le jus de $^1/_2$ citron (environ)
Sel et poivre noir moulu
Paprika doux et persil haché pour servir

Mixez les pois chiches avec l'ail, le cumin, la coriandre, le tahini et l'huile jusqu'à obtention d'une purée lisse. Incorporez le jus de citron.

Salez et poivrez. Goûtez et ajoutez éventuellement un peu plus de jus de citron.

Transférez dans un bol, saupoudrez de paprika et parsemez de persil. Servez sans attendre.

Voir variantes p. 172

Koftas d'agneau

Pour 4 personnes

Ces boulettes d'agneau épicées constituent une entrée savoureuse et légère.
Accompagnez-les d'une sauce tomate et, éventuellement, d'une salade composée.

225 g ($^1/_2$ lb) de viande d'agneau hachée (gigot)
2 grosses échalotes finement émincées
1 gousse d'ail écrasée
1 c. à c. de cumin en poudre
1 c. à c. de graines de coriandre moulues

$^1/_4$ de c. à c. de piment de Cayenne en poudre
2 c. à c. de feuilles de menthe finement ciselées
Sel et poivre noir moulu
Sauce tomate du commerce ou salsa de tomate
fraîche (voir recette p. 51) pour servir

Faites tremper 8 piques en bois 15 min dans de l'eau froide, pour éviter qu'elles ne brûlent
à la cuisson.

Mettez la viande hachée, les échalotes, l'ail, le cumin, la coriandre, le cayenne et la menthe
dans un saladier. Salez et poivrez. Mélangez à la main jusqu'à homogénéité. Divisez
la préparation obtenue en 8 parts égales, puis façonnez-les en boulettes avec vos mains
humides et enfilez chacune d'elles sur une pique égouttée. Pressez légèrement les boulettes
pour leur donner une forme allongée. Réservez 30 min au réfrigérateur.

Faites chauffer un gril en fonte. Mettez-y les brochettes à dorer 5 à 8 min, en les retournant
une ou deux fois : elles doivent être cuites à cœur. Servez sans attendre, avec la sauce tomate
ou la salsa de tomate fraîche.

Voir variantes p. 173

Halloumi grillé à l'ail, au citron et au piment

Pour 4 personnes

Cet excellent fromage libanais est traditionnellement servi grillé ou frit. Il acquiert alors un fondant incomparable. Vous en trouverez dans les épiceries orientales mais, à défaut, utilisez de la mozzarella ou de la feta.

200 g (7 oz) de halloumi
1 gousse d'ail écrasée
1/4 de c. à c. de piment rouge séché émietté

Le jus de 1 citron
2 c. à s. d'huile d'olive

Coupez le fromage en tranches de 1 cm (1/4 po) d'épaisseur, puis disposez-les dans un grand plat creux.

Mélangez l'ail, le piment, le jus de citron et l'huile dans un bol. Badigeonnez les tranches de fromage de cette préparation et laissez mariner au moins 1 h au réfrigérateur.

Faites chauffer une poêle antiadhésive ou un gril en fonte. Mettez-y les tranches de fromage à griller 1 à 2 min de chaque côté : elles doivent être bien dorées et croustillantes. Servez sans attendre car le halloumi a tendance à devenir compact en refroidissant.

Voir variantes p. 174

Salade de carottes épicée

Pour 4 personnes

Cette salade de carottes toute simple, de couleur orange vif, constitue une entrée délicieuse et légère qui séduira à coup sûr vos convives.

450 g (1 lb) de carottes coupées en fines
    rondelles
Sel
1 petite gousse d'ail écrasée
$1/4$ de c. à c. de gingembre en poudre
$1/2$ c. à c. de cumin en poudre
$1/4$ de c. à c. de graines de coriandre moulues

$1/4$ de c. à c. de paprika
1 pincée de piment de Cayenne en poudre
2 c. à c. de vinaigre de vin rouge
$1 1/2$ c. à s. d'huile d'olive
1 c. à c. de feuilles de menthe finement ciselées
    + quelques brins pour servir

Mettez les rondelles de carotte dans une casserole avec 2 c. à s. d'eau. Salez, couvrez et faites-les cuire 10 min à feu doux, en remuant de temps en temps : elles doivent être tendres. Poursuivez la cuisson 1 à 2 min à découvert, jusqu'à ce que toute l'eau soit évaporée. Ôtez du feu.

Mélangez l'ail avec toutes les épices, le vinaigre et l'huile dans un bol. Salez et incorporez la menthe ciselée. Versez sur les carottes, mélangez et laissez macérer au moins 30 min.

Vous pouvez réchauffer légèrement les carottes avant de les servir ou les proposer à température ambiante, parsemées de quelques brins de menthe.

Voir variantes p. 175

Variantes

Cigares feuilletés à la feta

Recette de base p. 151

Cigares feuilletés à la feta et aux pignons
Suivez la recette de base en ajoutant 1 c. à s. de pignons de pin grillés
à sec à la préparation à base de feta.

Cigares feuilletés à la feta et aux épinards
Suivez la recette de base en ajoutant 3 c. à s. d'épinards hachés surgelés,
décongelés, à la préparation à base de feta.

Cigares feuilletés à la feta et aux fines herbes
Suivez la recette de base en ajoutant 2 c. à c. de ciboulette
et 2 c. à s. de persil finement ciselés à la préparation à base de feta.

Cigares feuilletés à la feta et aux échalotes
Suivez la recette de base en ajoutant 2 échalotes finement émincées
à la préparation à base de feta.

Variantes

Feuilles de vigne farcies

Recette de base p. 153

Feuilles de vigne farcies à la coriandre
Suivez la recette de base en ajoutant 2 c. à c. de coriandre finement ciselée
à la préparation à base de riz.

Feuilles de vigne farcies pimentées
Suivez la recette de base en ajoutant 1 bonne pincée de piment de Cayenne
en poudre à la préparation à base de riz.

Feuilles de vigne farcies aux pignons
Suivez la recette de base en ajoutant 1 c. à s. de pignons de pin grillés à sec
à la préparation à base de riz.

Feuilles de vigne farcies à l'oignon rouge
Suivez la recette de base en ajoutant 1 petit oignon rouge finement émincé
à la préparation à base de riz.

Variantes

Taboulé en nid de laitue

Recette de base p. 154

Taboulé au concombre
Suivez la recette de base en ajoutant $1/4$ de concombre pelé, épépiné et coupé
en dés en même temps que les tomates.

Taboulé aux échalotes
Suivez la recette de base en ajoutant 4 petites échalotes finement émincées
en même temps que les tomates.

Taboulé à la coriandre
Suivez la recette de base en remplaçant la menthe par 30 g ($1/3$ tasse)
de coriandre finement ciselée.

Taboulé au piment vert
Suivez la recette de base en ajoutant 1 piment vert épépiné et finement
émincé en même temps que les tomates.

Taboulé épicé
Suivez la recette de base en ajoutant $1/4$ de c. à c. de cumin en poudre et
$1/4$ de c. à c. de graines de coriandre moulues en même temps que les tomates.

Variantes

Tomates cerises à l'ail sur canapés d'aubergine

Recette de base p. 157

Tomates cerises pimentées sur canapés d'aubergine
Suivez la recette de base en agrémentant les tomates cerises
de $^1/_2$ c. à c. de piment rouge séché émietté.

Tomates cerises à l'ail et aux olives sur canapés d'aubergine
Suivez la recette de base en ajoutant 10 olives noires, coupées en deux
et dénoyautées, aux tomates cerises.

Tomates cerises à l'ail et à la feta sur canapés d'aubergine
Suivez la recette de base en parsemant les tomates cerises cuites de feta
émiettée.

Tomates cerises à l'ail et au parmesan sur canapés d'aubergine
Suivez la recette de base en parsemant les tomates cerises cuites de copeaux
de parmesan.

Tomates cerises à l'ail et à l'origan sur canapés d'aubergine
Suivez la recette de base en remplaçant le basilic par 1 c. à c. d'origan ciselé.

Variantes

Falafels, trempette au yogourt

Recette de base p. 158

Falafels pimentés, trempette au yogourt
Suivez la recette de base en remplaçant le piment de Cayenne par
$1/4$ de c. à c. de piment rouge séché émietté.

Pains pita aux falafels
Préparez les falafels en suivant la recette de base, puis garnissez-en des pains
pita chauds. Ajoutez des dés de tomate et de concombre, et assaisonnez
d'un peu de trempette au yogourt.

Falafels à la sauce tomate
Suivez la recette de base en remplaçant la trempette au yogourt par une
sauce tomate du commerce.

Falafels, trempette au yogourt et au concombre
Suivez la recette de base en ajoutant $1/4$ de concombre pelé, épépiné
et râpé à la trempette au yogourt.

Falafels, trempette au yogourt et sa salade composée
Suivez la recette de base et accompagnez les falafels de la trempette au
yogourt et d'une salade composée à base de laitue, de concombre et de
tomate.

Variantes

Hoummos

Recette de base p. 161

Hoummos à l'avocat

Suivez la recette de base en ajoutant 1 petit avocat pelé, dénoyauté
et coupé en morceaux, que vous mixerez avec les autres ingrédients.

Hoummos au poivron grillé

Préchauffez le four à 450 °F (230 °C). Déposez 1 poivron rouge sur une
plaque à pâtisserie et enfournez 30 min : la peau du poivron doit
noircir. Mettez le poivron grillé dans un bol, couvrez de film alimentaire
et réservez 10 min. Pelez et épépinez le poivron, puis coupez-le en fines
lamelles. Suivez la recette de base en les mixant avec les autres ingrédients.

Hoummos aux graines de sésame

Suivez la recette de base en remplaçant le tahini par 1 c. à s. de graines
de sésame.

Hoummos à la coriandre

Suivez la recette de base en remplaçant le persil par de la coriandre ciselée.

Hoummos épicé

Suivez la recette de base en remplaçant le paprika par ¹/₂ c. à c. de piment
rouge séché émietté.

Variantes

Koftas d'agneau

Recette de base p. 162

Koftas d'agneau en tortilla
Préparez les koftas en suivant la recette de base, puis garnissez-en des tortillas
coupées en quatre et assaisonnez-les de sauce tomate.

Koftas de bœuf
Suivez la recette de base en remplaçant l'agneau par de la viande de bœuf
hachée maigre.

Koftas au poulet ou à la dinde
Suivez la recette de base en remplaçant l'agneau par du blanc de poulet
ou des escalopes de dinde hachés.

Koftas d'agneau à la harissa
Suivez la recette de base en remplaçant le cumin, la coriandre et le piment
de Cayenne par 1 à 2 c. à c. de harissa.

Koftas d'agneau au citron
Suivez la recette de base en ajoutant le zeste de ½ citron (bio) râpé
en même temps que les épices.

Halloumi grillé à l'ail, au citron et au piment

Recette de base p. 165

Halloumi grillé au citron et au piment
Suivez la recette de base en supprimant l'ail.

Halloumi grillé à l'ail, au citron et à l'origan
Suivez la recette de base en remplaçant le piment par 1 c. à c. d'origan ciselé.

Halloumi grillé à l'ail et au citron
Suivez la recette de base en supprimant le piment.

Halloumi grillé à l'ail, au citron et au cumin
Suivez la recette de base en remplaçant le piment par $1/2$ c. à c. de cumin
en poudre.

Halloumi grillé au fenouil, au citron et au piment
Suivez la recette de base en remplaçant l'ail par $1/2$ c. à c. de graines
de fenouil moulues.

Variantes

Salade de carottes épicée

Recette de base p. 166

Salade de carottes à la harissa
Suivez la recette de base en remplaçant le paprika et le piment de Cayenne
par 1 c. à c. de harissa.

Salade de betterave épicée
Suivez la recette de base en utilisant de la betterave cuite à la place
des carottes. Coupez-la en tranches fines, puis nappez-la de la sauce
juste avant de servir, à température ambiante.

Salade de fèves épicée
Suivez la recette de base en remplaçant les carottes par des fèves. Faites-
les cuire à l'eau bouillante 3 min environ : elles doivent être tendres.
Égouttez-les avec soin, puis nappez-les de la sauce juste avant de servir,
à température ambiante.

Salade de carottes à la ciboulette
Suivez la recette de base en remplaçant la menthe par 1 c. à s. de ciboulette
finement ciselée. Servez également parsemé d'un peu de ciboulette.

Parfums d'Asie

En Extrême-Orient, on n'a pas pour habitude d'initier
le repas avec des amuse-bouches, mais la foule
d'apprêts proposés à divers moments de la journée
peuvent en tenir lieu. Pour plus de convivialité,
demandez à vos invités de participer à la confection
des sushis ou des rouleaux de printemps.

Croquettes de crabe thaïes

Pour 16 pièces

Ces croquettes de crabe bien relevées conviennent aussi bien à l'apéritif qu'en entrée.

2 boîtes de chair de crabe de 170 g (6 oz) chacune, égouttée et triée (cartilages éventuels)
2 c. à c. de pâte de curry rouge
1 c. à c. de racine de gingembre râpée
2 c. à s. de coriandre finement ciselée
1/2 c. à c. de nam-pla (sauce de poisson thaïe)
1 œuf
2 c. à s. de farine

Huile de tournesol pour la friture
Pour le vinaigre piquant
1 c. à s. de sucre
5 cl (1/4 tasse) de vinaigre d'alcool de riz
2 c. à c. de nam-pla (sauce de poisson thaïe)
2 piments rouges épépinés et très finement émincés

Préparez le vinaigre piquant. Faites fondre le sucre dans une petite casserole avec le vinaigre et le nam-pla. Versez le mélange dans un petit bol, ajoutez les piments et laissez refroidir.

Dans un saladier, mélangez la chair de crabe à la fourchette avec la pâte de curry, le gingembre, la coriandre et le nam-pla. Incorporez l'œuf. Versez la farine en pluie et mélangez jusqu'à homogénéité. Avec vos mains humides, façonnez la préparation obtenue en 16 croquettes.

Faites chauffer 1 c. à s. d'huile dans une poêle antiadhésive. Mettez-y quelques croquettes à cuire 2 à 3 min de chaque côté : elles doivent être bien dorées. Égouttez-les sur du papier absorbant et réservez-les au chaud le temps de cuire les autres. Servez avec le vinaigre piquant.

Voir variantes p. 193

Brochettes de poulet, sauce satay

Pour 12 pièces

Vous pouvez également cuire ces brochettes d'inspiration indonésienne au barbecue.

3 blancs de poulet sans la peau
1 gousse d'ail écrasée
1 c. à c. de racine de gingembre râpée
Le zeste râpé et le jus de 1 citron vert bio
1 c. à c. de nam-pla (sauce de poisson thaïe)

Pour la sauce satay
2 c. à s. de lait de coco
4 c. à s. de beurre de cacahouètes avec morceaux
Le jus de $1/2$ citron vert
$1/4$ de c. à c. de piment rouge séché émietté

Coupez chaque blanc de poulet en 4 longues lanières. Mélangez l'ail, le gingembre, le zeste et le jus de citron et la sauce de poisson dans un bol. Nappez les lanières de poulet de cette préparation. Couvrez et réservez 1 h environ au réfrigérateur. Pendant ce temps, faites tremper 12 brochettes de bambou dans de l'eau froide, pour éviter qu'elles ne brûlent à la cuisson.

Préchauffez le gril du four. Enfilez une lanière de poulet sur chaque brochette, en zigzag. Faites griller les brochettes 6 min, en les retournant à mi-cuisson : le poulet doit être cuit à cœur.

Pendant ce temps, mélangez le lait de coco et le beurre de cacahouètes dans un bol. Ajoutez le jus de citron vert et le piment. Servez le poulet chaud, accompagné de la sauce satay.

Voir variantes p. 194

Beignets de calmars

Pour 4 personnes

Croustillants et tendres à la fois, ces beignets de calmars constituent une délicieuse entrée iodée. Si vous les offrez à l'apéritif, veillez à les accompagner de piques en bois !

450 g (1 lb) de calmars
Le jus de 2 citrons verts
1/2 c. à c. de gros sel
1 c. à s. de poivre noir moulu

70 g (1/3 tasse) de fécule de riz
Huile de tournesol pour la friture
Quartiers de citron vert et
    sauce aigre-douce pour servir

Supprimez la tête, les tentacules et l'aileron cartilagineux qui se trouve à l'intérieur du corps des calmars. Nettoyez bien les corps ainsi apprêtés et coupez-les en anneaux. Arrosez-les d'un peu de jus de citron vert, mélangez bien et réservez 15 min environ au réfrigérateur.

Salez et poivrez la fécule de riz. Égouttez les anneaux de calmar et séchez-les bien avec du papier absorbant. Passez-les dans la fécule.

Remplissez une sauteuse d'huile aux deux tiers et faites-la chauffer à 350 °F (190 °C) : à cette température, un petit morceau de pain plongé dedans doit mettre 1 min pour dorer.

En procédant en plusieurs bains, faites-y frire les anneaux de calmars 1 min environ : ils doivent être croustillants et bien dorés. Égouttez-les sur du papier absorbant et réservez-les au chaud. Servez accompagné de quartiers de citron vert et de sauce aigre-douce.

Voir variantes p. 195

Samosas fruités à l'agneau

Pour 12 pièces

Les samosas indiens sont traditionnellement frits. Ils sont ici cuits au four, pour plus de légèreté.

2 c. à s. d'huile de tournesol	225 g (¹/₂ lb) de viande d'agneau hachée (gigot)
1 oignon	2 c. à c. de chutney de mangue
2 gousses d'ail écrasées	+ un peu pour servir
1 ¹/₂ c. à c. de cumin en poudre	Sel et poivre noir moulu
1 ¹/₂ c. à c. de graines de coriandre moulues	12 feuilles de pâte filo
¹/₄ de c. à c. de piment de Cayenne en poudre	50 g (¹/₄ tasse) de beurre fondu

Préchauffez le four à 400 °F (200 °C). Huilez légèrement une plaque à pâtisserie. Faites chauffer le reste d'huile dans une poêle antiadhésive. Mettez-y l'oignon et l'ail à revenir 4 min environ à feu doux. Ajoutez les épices et la viande. Poursuivez la cuisson 2 à 3 min en remuant. Jetez l'excédent de matière grasse, puis incorporez le chutney. Rectifiez l'assaisonnement si nécessaire.

Disposez une feuille de pâte filo sur le plan de travail. Badigeonnez-la de beurre fondu et pliez-la en deux dans le sens de la longueur. Badigeonnez-la à nouveau de beurre. Déposez 1 cuillerée de préparation à l'agneau sur l'extrémité inférieure de la bande de pâte et repliez-la en triangle de façon à enfermer la garniture. Continuez de replier la pâte jusqu'à l'autre extrémité : vous devez obtenir un triangle bien fermé. Procédez de même avec les autres feuilles. Disposez les samosas sur la plaque et enfournez-les 15 à 20 min : ils doivent être dorés et croustillants. Servez accompagné de chutney de mangue.

Voir variantes p. 196

Sushis au crabe

Pour 36 pièces environ

Ces sushis maison demandent un peu de dextérité, mais ils raviront les amateurs !

220 g (1 tasse) de riz à sushis ou thaï
2 c. à s. de vinaigre de riz
1 $^1/_2$ c. à c. de sucre
$^1/_2$ c. à c. de sel
3 feuilles de nori (algue séchée)
Sauce soja et gari (gingembre mariné) pour servir

Pour la garniture
85 g (3 oz) de chair de crabe en boîte triée
1 c. à s. de mayonnaise
$^1/_4$ de c. à c. de wasabi
$^1/_4$ de concombre épépiné et coupé
   en très fins bâtonnets

Portez 50 cl (2 tasses) d'eau à ébullition dans une casserole. Versez-y le riz. Dès la reprise de l'ébullition, baissez le feu et laissez cuire 12 min environ, jusqu'à absorption complète de l'eau. Ôtez du feu, couvrez et laissez reposer 10 min. Pendant ce temps, mélangez le vinaigre, le sucre et le sel. Mettez le riz dans un saladier, arrosez-le de cette préparation, mélangez et laissez-le refroidir.

Mélangez la chair de crabe avec la mayonnaise et le wasabi. Découpez les feuilles de nori en deux dans le sens de la longueur. Disposez une des bandes obtenues sur un tapis en bambou adapté et déposez un boudin de riz vinaigré au niveau de son extrémité inférieure. Ajoutez un peu de préparation au crabe et quelques bâtonnets de concombre. En vous aidant du tapis, roulez la bande de nori de façon à y enserrer fermement la garniture. Coupez le rouleau ainsi formé en 6 tronçons. Procédez de même avec les autres bandes de nori.

Disposez les sushis sur un plat de service. Servez aussitôt, accompagné de sauce soja et de gari.

Voir variantes p. 197

Rouleaux de printemps

Pour 12 pièces

Ces rouleaux de printemps d'inspiration vietnamienne constituent des amuse-bouches frais et peu caloriques. Pour plus de convivialité, disposez les différents ingrédients sur la table et laissez vos invités confectionner eux-mêmes leurs rouleaux.

12 galettes de riz pour nems
2 poignées de germes de soja frais
1 carotte coupée en très fins bâtonnets
1/2 concombre épépiné et coupé
   en très fins bâtonnets
115 g (4 oz) de tofu ferme coupé en fins
   bâtonnets

3 oignons verts émincés en fines lanières
2 gousses d'ail finement émincées
40 g (1/4 tasse) de cacahouètes non salées
   concassées
Sauce soja et sauce aigre-douce pimentée
   pour servir
1 poignée de feuilles de coriandre

Remplissez d'eau un saladier évasé et peu profond. Plongez-y une galette de riz une vingtaine de secondes : elle doit être juste ramollie. Étalez-la sur le plan de travail.

Disposez quelques germes de soja au centre de la galette. Ajoutez quelques bâtonnets de carotte, de concombre et de tofu, puis quelques lanières d'oignons verts, un peu d'ail et de cacahouètes. Assaisonnez légèrement avec les deux sauces. Terminez par quelques feuilles de coriandre.

Repliez les deux côtés de la galette de riz sur la garniture de façon à l'y enserrer fermement et à former un cône évasé. Procédez de même avec les autres galettes de riz. Servez aussitôt.

Voir variantes p. 198

Crêpes chinoises au canard laqué

Pour 4 personnes

Ces petites crêpes garnies de canard laqué font des amuse-bouches très raffinés.

2 magrets de canard
Gros sel
12 crêpes chinoises
2 c. à s. de sauce hoisin (sauce chinoise à la prune)
6 oignons verts émincés en fines lanières
1/4 de concombre épépiné et coupé en bâtonnets

Pour la marinade
1 c. à s. de sauce soja
1 c. à s. de miel
1/2 c. à c. de cinq-épices en poudre

Entaillez le gras des magrets en croisillons et frottez-le avec le gros sel. Préparez la marinade. Mélangez la sauce soja, le miel et le cinq-épices dans un bol. Nappez l'autre face des magrets de cette préparation. Laissez reposer au moins 1 h au réfrigérateur.

Épongez les magrets avec du papier absorbant. Faites chauffer une poêle antiadhésive. Déposez-y les magrets, côté gras dessous. Faites-les cuire 10 min environ à feu vif, puis jetez la plus grande partie de la graisse rendue, retournez les magrets et faites-les cuire encore 5 min : ils doivent être cuits à cœur. Laissez reposer 5 min environ sur une planche à découper.

Pendant ce temps, garnissez le centre des crêpes chinoises d'une fine couche de sauce hoisin. Découpez les magrets en tranches fines. Répartissez-les sur les crêpes, ainsi que les lanières d'oignons verts et les bâtonnets de concombre. Enroulez chaque crêpe en formant un cône. Disposez sur un plat de service et servez sans attendre.

Voir variantes p. 199

Travers de porc caramélisés

Pour 4 personnes

Ces travers de porc caramélisés peuvent être servis aussi bien à l'apéritif qu'en entrée, dressés sur un lit de salade. Dans tous les cas, ils se dégustent avec les doigts : n'oubliez pas les serviettes en papier.

3 c. à s. de miel
1 c. à c. de sauce soja
2 c. à c. de cinq-épices en poudre

Poivre noir moulu
12 travers de porc

Préchauffez le four à 400 °F (200 °C). Mélangez le miel, la sauce soja, le cinq-épices et le poivre noir dans un grand saladier. Ajoutez les travers de porc et remuez pour bien les enrober de ce mélange.

Disposez les travers de porc côte à côte dans un grand plat à four et badigeonnez-les avec le reste de la marinade. Enfournez 30 min environ : la viande doit être bien dorée et brillante. Servez dès la sortie du four.

Voir variantes p. 200

Pakoras de légumes au yogourt

Pour 4 personnes

La saveur épicée de ces boulettes indiennes est agréablement contrebalancée
par la douceur du yogourt qui les accompagne.

450 g (1 lb) de pommes de terre cuites à l'eau
    et réduites en purée
125 g (1 tasse) de petits pois surgelés,
    décongelés
2 ou 3 piments verts épépinés et émincés
4 oignons verts finement émincés
2 c. à c. de cumin en poudre
1 c. à c. de graines de coriandre moulues
3 c. à s. de coriandre finement ciselée

Sel
115 g (4 oz) de farine de pois chiches (besan)
1 c. à c. de curcuma en poudre
$1/2$ c. à c. de piment en poudre
1 c. à c. de levure chimique
20 cl ($1/3$ tasse) d'eau froide
Huile de tournesol pour la friture
Yogourt nature pour servir

Mélangez la purée avec les petits pois, les oignons verts, le cumin, la coriandre (moulue et
fraîche) et du sel dans un saladier. Façonnez en 16 boulettes et réservez 30 min au frais.

Dans un autre saladier, mélangez la farine de pois chiches avec le curcuma, le piment et la
levure. Ménagez un puits au centre et versez-y 5 cl d'eau. Mélangez à la fourchette jusqu'à
obtention d'une pâte souple, mais épaisse. Détendez progressivement avec le reste d'eau.

Remplissez une poêle d'huile aux deux tiers et faites-la chauffer à 350 °F (190 °C). Plongez les
boulettes dans la pâte et faites-les frire en plusieurs bains, 2 min environ. Sortez-les
de la friture à l'écumoire et égouttez-les sur du papier absorbant. Servez avec le yogourt.

Voir variantes p. 201

Croquettes de crabe thaïes

Recette de base p. 177

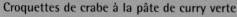

Croquettes de crabe à la pâte de curry verte
Suivez la recette de base en remplaçant la pâte de curry rouge
par de la pâte de curry verte, moins brûlante.

Croquettes de crabe à la citronnelle
Suivez la recette de base en ajoutant le bulbe d'une tige de citronnelle
finement émincé à la préparation au crabe.

Croquettes de crabe au zeste de citron vert
Suivez la recette de base en ajoutant le zeste de 1 citron vert (bio)
râpé à la préparation au crabe.

Croquettes de crabe thaïes, sauce aigre-douce pimentée
Suivez la recette de base en remplaçant le vinaigre piquant par de la sauce
aigre-douce pimentée du commerce.

Variantes

Brochettes de poulet, sauce satay

Recette de base p. 179

Brochettes de porc, sauce satay
Suivez la recette de base en remplaçant le poulet par du filet mignon de porc.

Brochettes de bœuf, sauce satay
Suivez la recette de base en remplaçant le poulet par du filet de bœuf.

Brochettes de tofu, sauce satay
Suivez la recette de base en utilisant des bâtonnets de tofu ferme à la place
du poulet.

Brochettes de crevettes, sauce satay
Suivez la recette de base en utilisant des crevettes crues décortiquées
à la place du poulet. Prévoyez 2 crevettes par brochette.

Variantes

Beignets de calmars

Recette de base p. 180

Beignets de calmars pimentés
Suivez la recette de base en remplaçant le poivre noir par 1 c. à c. de piment rouge séché émietté.

Beignets de calmars au cumin
Suivez la recette de base en ajoutant 1 c. à c. de cumin en poudre à la fécule de riz.

Beignets de calmars à la coriandre
Suivez la recette de base et parsemez les beignets de coriandre ciselée juste avant de servir.

Beignets de calmars au citron
Suivez la recette de base en remplaçant le citron vert par du citron jaune.

Variantes

Samosas fruités à l'agneau

Recette de base p. 183

Samosas épicés au bœuf
Suivez la recette de base en remplaçant l'agneau par de la viande de bœuf
hachée. Supprimez le chutney de mangue.

Samosas fruités au poulet
Suivez la recette de base en remplaçant l'agneau par du blanc de poulet
haché.

Samosas fruités au porc
Suivez la recette de base en remplaçant l'agneau par du filet mignon
de porc haché.

Samosas fruités à l'agneau et aux petits pois
Suivez la recette de base en ajoutant 50 g (¹/₂ tasse) de petits pois surgelés,
décongelés,
à la garniture.

Samosas fruités à l'agneau et à la coriandre
Suivez la recette de base en ajoutant 3 c. à s. de coriandre ciselée
à la garniture.

Variantes

Sushis au crabe

Recette de base p. 184

Sushis au crabe et au poivron rouge
Suivez la recette de base en remplaçant le concombre par de fines lanières
de poivron rouge.

Sushis au saumon fumé et à l'avocat
Suivez la recette de base en remplaçant le crabe par des lanières de saumon
fumé et le concombre par de la chair d'avocat réduite en purée.

Amuse-bouches au saumon fumé façon sushis
Suivez la recette de base pour préparer le riz vinaigré. Tapissez un coquetier
de film alimentaire, puis déposez-y un morceau de saumon fumé finement
tranché. Remplissez-le de riz vinaigré, puis démoulez sur une assiette en
vous aidant du film. Recommencez l'opération jusqu'à épuisement du riz.

Sushis au thon et au concombre
Suivez la recette de base en remplaçant le crabe par du thon en boîte
au naturel.

Sushis végétariens à l'avocat et au poivron
Suivez la recette de base en remplaçant le crabe par de la purée d'avocat
assaisonnée au wasabi et le concombre par des lanières de poivron rouge.

Variantes

Rouleaux de printemps

Recette de base p. 187

Rouleaux de printemps à l'avocat
Coupez la chair de 1 avocat en dés et ajoutez-les à la garniture.

Rouleaux de printemps au poivron
Coupez 1 poivron rouge ou jaune en dés et ajoutez-les à la garniture.

Rouleaux de printemps au poulet
Remplacez le tofu par 1 blanc de poulet cuit, sans la peau, finement émincé.

Rouleaux de printemps au basilic
Suivez la recette de base en remplaçant la coriandre par des feuilles
de basilic finement ciselées.

Rouleaux de printemps à la menthe
Suivez la recette de base en remplaçant la coriandre par des feuilles
de menthe finement ciselées.

Crêpes chinoises au canard laqué

Recette de base p. 188

Crêpes chinoises au canard laqué, sauce aigre-douce pimentée
Suivez la recette de base en remplaçant la sauce hoisin par de la sauce aigre-douce pimentée.

Crêpes chinoises au canard laqué et à la mangue
Coupez la chair de $1/2$ mangue en fines lamelles. Suivez la recette de base en les répartissant sur les crêpes en même temps que le reste de la garniture.

Crêpes chinoises au canard laqué mariné au gingembre
Suivez la recette de base en ajoutant 1 c. à c. de racine de gingembre râpée à la marinade du canard.

Crêpes chinoises au canard laqué mariné à l'ail
Suivez la recette de base en ajoutant 1 gousse d'ail écrasée à la marinade du canard.

Crêpes chinoises au canard laqué et aux germes de soja
Suivez la recette de base en ajoutant quelques germes de soja sur les crêpes en même temps que le reste de la garniture.

Variantes

Travers de porc caramélisés

Recette de base p. 191

Travers de porc caramélisés au piment
Suivez la recette de base en ajoutant $1/4$ de c. à c. de piment rouge séché
émietté à la marinade.

Travers de porc caramélisés au gingembre
Suivez la recette de base en ajoutant 1 c. à c. de racine de gingembre râpée
à la marinade.

Travers de porc caramélisés à la cannelle
Suivez la recette de base en ajoutant 1 c. à c. de cannelle en poudre
à la marinade.

Travers de porc caramélisés au cumin
Suivez la recette de base en ajoutant 1 c. à c. de cumin en poudre
à la marinade.

Pakoras de légumes au yogourt

Recette de base p. 192

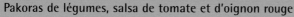

Pakoras de légumes, salsa de tomate et d'oignon rouge
Mélangez 1 oignon rouge finement émincé et 4 tomates épépinées coupées en dés. Salez et poivrez. Ajoutez le jus de 1 citron vert. Servez avec les boulettes.

Pakoras de légumes mentholés au yogourt
Suivez la recette de base en remplaçant la coriandre par 1 $\frac{1}{2}$ c. à s. de feuilles de menthe finement ciselées.

Pakoras de légumes, chutney de mangue
Suivez la recette de base en remplaçant le yogourt par du chutney de mangue.

Pakoras de légumes, dip au yogourt mentholé
Mélangez 1 pot de yogourt nature avec 3 c. à s. de feuilles de menthe finement ciselées, du sel et 1 pincée de piment de Cayenne en poudre. Servez avec les boulettes.

Canapés variés

Quoique raffinés et goûteux, ces canapés

ne sont ni longs ni difficiles à confectionner.

Vous aurez ainsi davantage de temps à consacrer

à vos invités qui, à la vue de ces délicates merveilles,

ne douteront pas un instant que vous avez passé

des heures en cuisine rien que pour les régaler...

Rouleaux à l'hoummos et au poivron rouge

Pour 12 pièces

Il ne faut pas plus de dix minutes pour réaliser ces petits rouleaux gourmands.
Voici donc une recette idéale quand des invités se présentent à l'improviste.

2 tortillas de blé	2 poivrons rouges grillés en bocal
6 c. à s. d'hoummos du commerce	Poivre noir moulu

Étalez les tortillas sur le plan de travail et badigeonnez chacune d'elles de 3 c. à s. d'hoummos.

Égouttez les poivrons grillés, épongez-les soigneusement avec du papier absorbant
et découpez-les en fines lanières. Parsemez-en les tortillas. Poivrez.

Roulez les tortillas en serrant bien. Coupez les extrémités de chaque rouleau pour les égaliser
et taillez-les en 6 tronçons. Disposez-les sur un plat de service.

Voir variantes p. 219

Mini-blinis à la crème de raifort et au caviar

Pour 12 pièces

Ces mini-blinis à la russe sont meilleurs un peu tièdes. Mais, si vous souhaitez préparer vos canapés à l'avance, rien ne vous empêche de les servir froids.

12 mini-blinis
6 c. à s. de crème fraîche
$^3/_4$ de c. à c. de zeste de citron bio râpé

$^3/_4$ de c. à c. de purée de raifort
1 à 2 c. à s. de caviar
Ciboulette ciselée pour parsemer (facultatif)

Préchauffez le four selon les indications portées sur l'emballage des mini-blinis. Mélangez la crème, le zeste et la purée de raifort dans un bol jusqu'à homogénéité. Réservez au réfrigérateur.

Disposez les mini-blinis sur une plaque à pâtisserie et enfournez-les 5 min environ, selon le temps indiqué sur l'emballage. Transférez-les sur un plat de service.

Garnissez chaque mini-blini de 1 cuillerée de crème de raifort et d'environ $^1/_4$ de c. à c. de caviar. Servez éventuellement parsemé de ciboulette.

Voir variantes p. 220

Crostinis petits pois et prosciutto

Pour 12 pièces

Pour réaliser cette recette, procurez-vous une baguette bien fine. À défaut, recoupez les tranches en deux pour que vos toasts aient la taille d'une grosse bouchée.

2 c. à s. d'huile d'olive
   + un peu pour arroser (facultatif)
2 échalotes finement émincées
140 g (1 tasse) de petits pois surgelés
2 c. à s. de vin blanc sec

3 tranches de prosciutto
Sel et poivre noir moulu
12 fines tranches de baguette
1 gousse d'ail coupée en deux
Feuilles de menthe ciselées pour parsemer

Faites chauffer l'huile dans une poêle. Mettez-y les échalotes à suer à feu doux 3 min environ : elles doivent être bien tendres. Ajoutez les petits pois et le vin blanc. Poursuivez la cuisson 4 min : les petits pois doivent être tendres, mais sans se défaire.

Pendant ce temps, coupez chaque tranche de prosciutto en deux à la verticale, puis recoupez-les à l'horizontale de façon à obtenir 12 lanières égales. Mixez la préparation aux petits pois jusqu'à obtention d'une purée grossière. Salez et poivrez.

Faites griller les tranches de baguette au grille-pain. Frottez-les d'ail sur une face, puis garnissez-les avec un peu de purée de petits pois et 1 lanière de prosciutto. Arrosez éventuellement de 1 filet d'huile et poivrez. Parsemez de menthe ciselée et servez sans attendre.

Voir variantes p. 221

Mini-poppadums, salsa d'oignon rouge et de concombre

Pour 16 pièces

Ces galettes fines et croustillantes – une spécialité indienne – sont parfaites à l'apéritif. Si l'ambiance est à la décontraction, présentez la salsa dans un bol : vos invités n'auront plus qu'à se servir eux-mêmes.

1 oignon rouge coupé en quatre
   et finement émincé
1/4 de concombre épépiné et coupé
   en fines tranches
1 piment vert épépiné et finement émincé
1/4 de c. à c. de graines de coriandre moulues

1 poignée de feuilles de coriandre
   finement ciselées
1 pincée de sucre
Sel
Le jus de 1 citron vert
16 mini-poppadums

Mettez l'oignon, le concombre et le piment dans un saladier. Ajoutez la coriandre (moulue et ciselée) et le sucre. Salez, puis arrosez du jus de citron vert. Mélangez bien.

Disposez les mini-poppadums sur un plat de service et garnissez-les de salsa. Servez sans attendre.

Voir variantes p. 222

Bruschettas au pesto et à l'artichaut

Pour 12 pièces

Rien de plus simple à préparer que ces bruschettas à l'italienne. Vous trouverez dans le commerce toute une variété de cœurs d'artichaut cuits et conservés à l'huile d'olive. Choisissez celle que vous préférez.

2 c. à s. de pesto du commerce
2 c. à s. de crème fraîche
12 fines tranches de baguette
1 petit pot de cœurs d'artichaut coupés
    en quatre et grillés, conservés à l'huile
    d'olive (12 pièces)

12 feuilles de basilic
Poivre noir moulu

Mélangez le pesto et la crème dans un bol. Réservez au frais.

Faites griller les tranches de baguette au grille-pain : elles doivent être bien dorées. Tartinez-les de pesto crémeux, puis garnissez-les avec un quartier de cœur d'artichaut et décorez de 1 feuille de basilic. Poivrez et servez sans attendre.

Voir variantes p. 223

Toasts de pain aux noix au chèvre et à la figue

Pour 12 pièces

La saveur affirmée du fromage de chèvre et la douceur de la figue font merveille avec le pain aux noix. Mais vous pouvez bien sûr choisir d'autres types de pain.

4 tranches de pain aux noix
6 tranches de bûche de chèvre

2 c. à s. de pignons de pin grillés à sec
2 figues coupées en 6 quartiers chacune

Préchauffez le gril du four. Coupez chaque tranche de pain en 3 parts égales et enfournez-les jusqu'à ce que leur face supérieure soit légèrement dorée.

Coupez les tranches de chèvre en deux. Répartissez-les sur les toasts et enfournez de nouveau sous le gril 2 min environ : le pain doit être bien doré et le fromage fondant. Parsemez les toasts de pignons, ajoutez un quartier de figue et servez sans attendre.

Voir variantes p. 224

Pain noir à la crème sure et à la betterave moutardée

Pour 4 personnes

La crème sure et la betterave mettent ici en valeur la saveur très particulière du pain noir. De délicieux amuse-bouches inspirés de la cuisine slave.

1 c. à c. de vinaigre balsamique
1/2 c. à c. de moutarde à l'ancienne
1 c. à c. d'huile d'olive
2 betteraves cuites, pelées
   et coupées en dés

4 tranches de pain noir
12 cl (1/2 tasse) de crème sure
Un peu de ciboulette grossièrement
   ciselée pour parsemer

Dans un saladier, mélangez le vinaigre et la moutarde, puis émulsionnez avec l'huile. Ajoutez les dés de betterave et mélangez pour bien les enrober.

Coupez les tranches de pain noir en quatre et disposez les canapés obtenus sur un plat de service. Garnissez chacun d'eux d'un peu de crème sure et de préparation à la betterave. Parsemez de ciboulette et servez sans attendre.

Voir variantes p. 225

Allumettes de pain complet à la purée de maquereau fumé

Pour 4 personnes

Ces amuse-bouches très simples à préparer sont parfaits à l'apéritif, mais vous pouvez aussi les servir en entrée, avec une salade verte. Le reste de purée de maquereau se conservera 3 à 4 jours au réfrigérateur dans une boîte hermétique.

200 g (7 oz) de filets de maquereau fumé sans la peau
12 cl (1/2 tasse) de yogourt à la grecque

Poivre noir moulu
Jus de citron
4 tranches de pain complet
Persil finement haché pour parsemer

Mixez le poisson et le yogourt jusqu'à homogénéité. Poivrez, puis mixez de nouveau jusqu'à obtention d'une purée lisse. Citronnez à votre goût.

Écroûtez les tranches de pain, puis faites-les griller au grille-pain. Recoupez chaque tranche en 3 bandes égales. Garnissez l'extrémité des allumettes ainsi formées de purée de maquereau fumé. Parsemez de persil et servez sans attendre, accompagné du reste de purée de maquereau présentée en ramequin.

Voir variantes p. 226

Crostinis au gorgonzola et à la poire

Pour 12 pièces

Le bleu, salé et relevé, se marie parfaitement avec la poire, douce et juteuse, sur ces petits toasts croustillants. Le gorgonzola, très crémeux, se prête bien à cette recette, mais tout autre bleu peut convenir.

1 poire
12 fines tranches de baguette
75 g (2 3/4 oz) de gorgonzola coupé en fines tranches

12 tomates cerises (facultatif)
Poivre noir moulu

Préchauffez le gril du four. Lavez, pelez et épépinez la poire, puis coupez-la en 12 lamelles fines.

Faites légèrement griller les tranches de baguette au grille-pain. Déposez 1 tranche de gorgonzola sur chaque toast, puis enfournez-les jusqu'à ce que le fromage soit coulant.

Garnissez chaque toast de 1 lamelle de poire et, éventuellement, de 1 tomate cerise. Poivrez et servez sans attendre.

Voir variantes p. 227

Variantes

Rouleaux à l'hoummos et au poivron rouge

Recette de base p. 203

Rouleaux à l'hoummos, au poivron rouge et au basilic
Suivez la recette de base en parsemant les lanières de poivron de quelques feuilles de basilic avant de rouler les tortillas.

Rouleaux à l'hoummos pimenté et au poivron rouge
Suivez la recette de base en arrosant l'hoummos de 1 c. à c. de sauce aigre-douce pimentée avant d'y déposer les lanières de poivron.

Rouleaux au fromage frais et au poivron rouge
Suivez la recette de base en remplaçant l'hoummos par du fromage frais.

Rouleaux au fromage frais et au saumon fumé
Découpez 55 g (2 oz) de saumon fumé en fines lanières. Suivez la recette de base
en remplaçant l'hoummos par du fromage frais et le poivron par le saumon.

Rouleaux à l'hoummos, à la carotte et à la coriandre
Suivez la recette de base en remplaçant les lanières de poivron par 1 carotte râpée. Parsemez de feuilles de coriandre ciselées avant de rouler les tortillas.

Variantes

Mini-blinis à la crème de raifort et au caviar

Recette de base p. 205

Mini-blinis à la crème de raifort et au poivron rouge grillé
Suivez la recette de base en remplaçant le caviar par des lanières
de poivron rouge grillé en bocal.

Mini-blinis à la crème de raifort et au salami
Suivez la recette de base en remplaçant le caviar par des lanières
de salami pelé.

Mini-blinis à la crème de raifort et à la truite fumée
Suivez la recette de base en garnissant chaque mini-blini de 1 lanière
de truite fumée à la place du caviar.

Mini-blinis à la crème de raifort et au saumon fumé
Suivez la recette de base en garnissant chaque mini-blini de 1 lanière
de saumon fumé à la place du caviar.

Mini-blinis aux œufs de lump
Suivez la recette de base en garnissant chaque mini-blini de 1 c. à c. d'œufs
de lump à la place du caviar.

Crostinis petits pois et prosciutto

Recette de base p. 206

Crostinis petits pois et parmesan
Suivez la recette de base en remplaçant le prosciutto par des copeaux
de parmesan.

Crostinis petits pois et truite fumée
Suivez la recette de base en garnissant chaque toast de 1 lanière de truite
fumée à la place du prosciutto.

Crostinis petits pois et tomates cerises
Suivez la recette de base en remplaçant le prosciutto par 12 tomates
cerises coupées en deux.

Crostinis petits pois et chorizo
Suivez la recette de base en remplaçant le prosciutto par 12 fines
tranches de chorizo pelées.

Crostinis petits pois et tomates confites
Suivez la recette de base en remplaçant le prosciutto par 4 tomates
séchées conservées à l'huile d'olive, que vous égoutterez avec soin
et émincerez finement.

Variantes

Mini-poppadums, salsa d'oignon rouge et de concombre

Recette de base p. 209

Mini-poppadums, salsa d'oignon rouge, de concombre et de tomate
Suivez la recette de base en ajoutant à la salsa 1 tomate épépinée et coupée en dés.

Mini-poppadums, salsa d'oignon rouge et de mangue
Suivez la recette de base en remplaçant le concombre par $^1/_2$ mangue pelée, dénoyautée et coupée en dés.

Mini-poppadums, salsa d'oignon rouge, de concombre et de noix de coco
Suivez la recette de base en ajoutant à la salsa 2 c. à s. de noix de coco fraîchement râpée.

Mini-poppadums, salsa d'oignon rouge, de concombre et de chutney de mangue
Suivez la recette de base en surmontant la garniture de chaque poppadum d'un peu de chutney de mangue.

Bruschettas au pesto et à l'artichaut

Recette de base p. 210

Bruschettas à l'ail et à l'artichaut
Suivez la recette de base en frottant les tranches d'ail et en les arrosant
d'un peu d'huile d'olive au lieu de les tartiner de pesto.

Bruschettas au pesto, à l'artichaut et à la roquette
Suivez la recette de base en remplaçant le basilic par des feuilles de roquette.

Bruschettas au pesto, à l'artichaut et aux olives
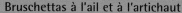
Suivez la recette de base en ajoutant 1 olive noire dénoyautée ou 1 olive
verte farcie sur chaque bruschetta.

Bruschettas au pesto, à l'artichaut et au pecorino
Suivez la recette de base en ajoutant quelques copeaux de pecorino
sur chaque bruschetta.

Bruschettas au pesto et à la tomate cerise
Suivez la recette de base en remplaçant le quartier de cœur d'artichaut
par $1/2$ tomate cerise.

Toasts de pain aux noix au chèvre et à la figue

Recette de base p. 213

Bruschettas au chèvre et à la figue
Suivez la recette de base en remplaçant le pain aux noix par 12 fines tranches de baguette. Faites-les griller au grille-pain, puis garnissez-les comme indiqué dans la recette. Poivrez légèrement.

Toasts de pain aux noix pimentés au chèvre
Suivez la recette de base en tartinant légèrement les toasts de purée de piment ou de harissa avant d'y ajouter le chèvre.

Toasts de pain aux noix au chèvre et à la pêche
Suivez la recette de base en remplaçant les figues par 1 pêche bien mûre coupée en 12 tranches.

Toasts de pain aux noix au chèvre et au miel
Suivez la recette de base en arrosant le fromage de chèvre de 1 filet de miel liquide avant de passer les toasts sous le gril.

Pain noir à la crème sure et à la betterave moutardée

Recette de base p. 214

Pain noir à la crème sure et au caviar
Suivez la recette de base en remplaçant la betterave moutardée
par du caviar : comptez 1 c. à c. de caviar par canapé.

Pain noir à la crème sure et à l'artichaut
Suivez la recette de base en remplaçant la betterave moutardée par des cœurs
d'artichaut conservés à l'huile d'olive, bien égouttés et coupés en deux :
comptez $1/2$ cœur par canapé. Parsemez de zeste de citron (bio) râpé.

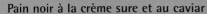

Pain noir à la crème sure et au saumon fumé
Suivez la recette de base en remplaçant la betterave moutardée
par du saumon fumé : comptez 1 lanière de saumon par canapé.

Pain noir à la crème sure et au hareng mariné
Suivez la recette de base en remplaçant la betterave moutardée par des filets
de hareng marinés, bien égouttés : comptez 1 filet de hareng par canapé.

Pain noir à la crème sure et au poivron rouge
Suivez la recette de base en remplaçant la betterave moutardée par
des poivrons rouges grillés en bocal, bien égouttés et coupés en lanières.

Allumettes de pain complet à la purée de maquereau fumé

Recette de base p. 217

Allumettes de pain complet à la purée de truite fumée
Suivez la recette de base en utilisant de la truite fumée à la place
du maquereau fumé.

Allumettes de pain pita à la purée de maquereau fumé
Suivez la recette de base en remplaçant le pain complet par des pains
pita coupés en allumettes.

Canapés de pain noir à la purée de maquereau fumé
Suivez la recette de base en remplaçant les allumettes de pain complet
par des petits canapés de pain noir.

Toasts à la purée de maquereau fumé
Suivez la recette de base en remplaçant le pain complet par 12 fines
tranches de baguette.

**Allumettes de pain complet à la purée de maquereau fumé
et aux tomates cerises**
Suivez la recette de base en garnissant les allumettes tartinées de purée
de maquereau de $1/2$ tomate cerise.

Variantes

Crostinis au gorgonzola et à la poire

Recette de base p. 218

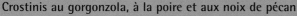

Crostinis au gorgonzola, à la poire et aux noix de pécan
Suivez la recette de base en ajoutant 1 cerneau de noix de pécan à chaque crostini (à la place des tomates cerises si vous en utilisez).

Crostinis au gorgonzola, à la poire et à la roquette
Suivez la recette de base en garnissant chaque crostini d'un peu de roquette (à la place des tomates cerises si vous en utilisez).

Crostinis au gorgonzola, à la poire et au miel
Suivez la recette de base en arrosant chaque crostini de 1 filet de miel liquide (à la place des tomates cerises si vous en utilisez).

Crostinis au gorgonzola, à la poire et au cresson
Suivez la recette de base en garnissant chaque crostini d'un peu de cresson (à la place des tomates cerises si vous en utilisez).

Crostinis au pecorino et à la poire
Suivez la recette de base en remplaçant le gorgonzola par des copeaux de pecorino.

Salades fraîcheur

Légères, fraîches et délicieusement croquantes, les salades réveillent les papilles sans pour autant rassasier, permettant ainsi à vos invités d'apprécier le reste du repas que vous leur avez concocté. Les recettes proposées ici conviennent aussi bien à un repas décontracté qu'à un dîner plus sophistiqué.

Salade de fenouil à l'orange

Pour 4 personnes

Cette salade originale est à la fois rafraîchissante et pauvre en calories.
Elle saura mettre en appétit vos convives.

2 bulbes de fenouil
Le jus de ½ citron
3 oranges

1 poignée d'olives noires dénoyautées
Sel et poivre noir moulu

Émincez finement les bulbes de fenouil et mettez-les dans un grand saladier. Arrosez-les de jus de citron et mélangez bien.

Pelez les oranges à vif, puis prélevez les quartiers au couteau en supprimant la fine membrane qui les sépare. Procédez au-dessus du saladier pour recueillir le jus qui s'écoule.

Ajoutez les olives. Salez et poivrez. Mélangez bien. Répartissez la préparation dans 4 bols et servez sans attendre.

Voir variantes p. 245

Salade de poivrons à la menthe et aux graines de potiron

Pour 4 personnes

Cette salade, qui peut être préparée à l'avance, vous permettra de recevoir en toute sérénité.

2 poivrons rouges
2 poivrons jaunes
2 c. à s. de graines de potiron
1/4 de c. à c. de moutarde de Dijon

2 c. à c. de vinaigre de vin rouge
2 c. à s. d'huile d'olive
2 c. à c. de feuilles de menthe finement ciselées
Sel et poivre noir moulu

Préchauffez le four à 450 °F (230 °C). Disposez les poivrons sur une plaque à pâtisserie et enfournez-les 40 min : leur peau doit bien noircir. Mettez les poivrons dans un saladier, couvrez de film alimentaire et laissez refroidir.

Pendant ce temps, faites griller les graines de potiron à sec dans une petite poêle antiadhésive, 3 à 4 min, en remuant régulièrement. Réservez.

Mélangez la moutarde et le vinaigre dans un saladier, puis émulsionnez avec l'huile. Ajoutez les trois quarts de la menthe, du sel et du poivre. Pelez et épépinez les poivrons, puis coupez-les en lanières et ajoutez-les dans le saladier. Mélangez. Couvrez et laissez mariner 30 min au frais avant de servir, parsemé des graines de potiron grillées et du reste de menthe.

Voir variantes p. 246

Salade de courgette grillée à la feta et à la menthe

Pour 4 personnes

L'association de la courgette, tendre et douce, de la feta, légèrement salée, et de la menthe est une vraie réussite. Une salade à préparer l'été, à la pleine saison des courgettes.

1 c. à s. de jus de citron	2 c. à c. de feuilles de menthe finement ciselées
1 pincée de sucre	3 courgettes
4 c. à s. d'huile d'olive	115 g (4 oz) de feta émiettée
+ un peu pour badigeonner	Sel et poivre noir moulu

Mélangez le jus de citron et le sucre dans un bol, puis émulsionnez avec l'huile. Incorporez la menthe et réservez.

Chauffez un gril en fonte. Lavez les courgettes et coupez-les en tranches de 0,5 cm (1/4 po) d'épaisseur, dans le sens de la longueur. Badigeonnez-les d'huile au pinceau, sur les deux faces, et faites-les griller 4 min de chaque côté : elles doivent être tendres et marquées de stries brunes.

Répartissez les tranches de courgette sur 4 assiettes, parsemez-les de feta émiettée et arrosez-les de vinaigrette. Salez et poivrez. Servez à température ambiante.

Voir variantes p. 247

Salade de betteraves et de haricots verts au halloumi

Pour 4 personnes

Le croquant de la betterave et des haricots verts contraste ici avec le fondant du halloumi.

2 c. à c. de jus de citron	Sel
$1/2$ c. à c. de zeste de citron bio râpé	200 g (1 tasse) de haricots verts
1 filet de miel liquide	250 g (1 tasse) de betteraves cuites
1 pincée de piment rouge séché émietté	250 g (9 oz) de halloumi coupé
2 c. à s. d'huile d'olive	en tranches de 1 cm ($1/2$ po) d'épaisseur

Mélangez le jus et le zeste de citron, le miel et le piment dans un bol, puis émulsionnez avec l'huile. Salez légèrement (le fromage l'est déjà) et réservez.

Faites cuire les haricots verts 4 min à l'eau bouillante : ils doivent rester un peu croquants. Égouttez-les et rincez-les aussitôt à l'eau froide.

Pelez les betteraves, coupez-les en tranches et recoupez celles-ci en bâtonnets. Mettez-les dans un saladier avec les haricots verts et la vinaigrette. Mélangez bien. Chauffez un gril en fonte. Faites-y griller les tranches de halloumi 2 min environ de chaque côté.

Répartissez la salade sur 4 assiettes. Garnissez des tranches de halloumi et servez.

Voir variantes p. 248

Salade de magret à la grenade

Pour 4 personnes

Cette salade originale se pare de graines de grenade, juteuses et joliment colorées. Coupez le fruit en deux, puis prélevez les graines à la petite cuillère et supprimez les fibres blanches qui les entourent.

2 magrets de canard
Gros sel
1/2 c. à c. de moutarde de Dijon
1 c. à s. de vinaigre de vin rouge
1 pincée de sucre

2 c. à s. d'huile d'olive
Sel et poivre noir moulu
2 poignées de cresson
2 poignées de roquette
1 grenade

Entaillez le gras des magrets en croisillons et frottez-le avec le gros sel. Faites chauffer une poêle antiadhésive. Déposez-y les magrets, côté gras dessous. Faites-les cuire 10 min environ à feu vif, puis jetez la plus grande partie de la graisse rendue, retournez les magrets et poursuivez la cuisson 4 à 5 min : ils doivent être cuits à cœur. Déposez-les sur une planche à découper, enveloppez-les dans du papier d'aluminium et laissez reposer 5 min environ.

Pendant ce temps, mélangez la moutarde, le vinaigre et le sucre dans un bol, puis émulsionnez avec l'huile. Salez et poivrez.

Répartissez le cresson et la roquette dans 4 bols. Coupez les magrets en tranches et disposez-les sur les lits de salade. Parsemez des graines de grenade, arrosez de vinaigrette et servez sans attendre.

Voir variantes p. 249

Méli-mélo à la figue et au prosciutto

Pour 4 personnes

L'association de la figue, juteuse et sucrée, et du prosciutto, légèrement salé, est un grand classique de la cuisine méditerranéenne, toujours très apprécié.

1 c. à s. de vinaigre balsamique
2 c. à s. d'huile d'olive
Sel et poivre noir moulu
1 oignon vert finement émincé

4 poignées de feuilles de salade mélangées
(115 g [4 oz] environ)
4 figues fraîches
8 tranches de prosciutto

Mélangez le vinaigre, l'huile, du sel et du poivre dans un bol. Réservez.

Répartissez les feuilles de salade sur 4 assiettes. Lavez et épongez délicatement les figues. Coupez-les en quatre et disposez-les sur les lits de salade.

Déchirez les tranches de **prosciutto** en petits morceaux et ajoutez-les au contenu des assiettes. Arrosez de vinaigrette, parsemez d'oignon vert et servez sans attendre.

Voir variantes p. 250

Salade de bœuf grillé à la mangue, sauce wasabi

Pour 4 personnes

Cette salade rafraîchissante marie heureusement la mangue, douce et juteuse, et la viande de bœuf grillée. Le wasabi, condiment prisé des Japonais, est très piquant et doit donc être dosé avec minutie.

2 biftecks dans l'aloyau
3 c. à s. d'huile de tournesol
    + un peu pour badigeonner
$^1/_2$ à 1 c. à c. de wasabi
1 c. à s. de vinaigre de vin rouge

1 pincée de sucre
Sel
4 poignées de cresson (115 g [4 oz] environ)
1 oignon rouge détaillé en anneaux
La chair de 1 mangue coupée en dés

Chauffez un gril en fonte. Badigeonnez les biftecks d'huile au pinceau, puis salez-les et poivrez-les. Faites-les griller 3 à 4 min de chaque côté : ils doivent rester saignants. Réservez.

Mélangez le wasabi, le vinaigre et le sucre dans un bol, puis émulsionnez avec l'huile. Salez et réservez.

Répartissez le cresson sur 4 assiettes. Ajoutez les anneaux d'oignon rouge et les dés de mangue. Coupez la viande en lanières et ajoutez-les au contenu des assiettes. Arrosez de sauce wasabi et servez sans attendre.

Voir variantes p. 251

Salade de pousses d'épinards à la courge et au gorgonzola

Pour 4 personnes

Vous apprécierez assurément cette salade goûteuse où les quartiers de courge, ajoutés chauds, contribuent à faire fondre le gorgonzola et à attendrir les pousses d'épinards.

1 petite courge musquée
1 ¹/₂ c. à s. d'huile d'olive
   + un peu pour la courge
 Sel et poivre noir moulu
¹/₂ c. à c. de moutarde à l'ancienne (Meaux)

1 c. à s. de vinaigre balsamique
115 g (4 oz) de jeunes pousses d'épinards
100 g (3 ¹/₂ oz) de gorgonzola (ou autre bleu)
   coupé en dés

Préchauffez le four à 400 °F (200 °C). Lavez la courge, coupez-la en deux, épépinez-la et pelez-la, puis coupez-la en 12 tranches. Disposez-les dans un plat à four et arrosez-les d'huile. Salez et poivrez. Mélangez bien. Enfournez 20 min environ : la courge doit être tendre.

Pendant ce temps, mélangez la moutarde et le vinaigre dans un bol, puis émulsionnez avec l'huile. Réservez.

Répartissez les pousses d'épinards sur 4 assiettes. Disposez 3 tranches de courge sur chaque lit de salade et parsemez des dés de fromage. Arrosez de vinaigrette et servez sans attendre.

Voir variantes p. 252

Salade d'avocat au pamplemousse

Pour 4 personnes

Cette salade allie avec bonheur la saveur délicatement acidulée du pamplemousse
et la texture crémeuse de l'avocat. Elle est en outre facile et rapide à concocter.

1 c. à c. de moutarde de Dijon
2 c. à c. de vinaigre de framboise
1 bonne pincée de sucre
1 $^1/_2$ c. à s. d'huile d'olive
Poivre noir moulu

85 g ($^3/_4$ tasse) de feuilles de salade mélangées
(jeunes pousses d'épinards, cresson,
roquette, par exemple)
2 pamplemousses roses (pomelos)
2 avocats

Mélangez au fouet la moutarde, le vinaigre, le sucre et l'huile. Poivrez légèrement et réservez.

Mettez les feuilles de salade dans un grand saladier. Pelez les pamplemousses à vif,
puis prélevez les quartiers au couteau en supprimant la fine membrane qui les sépare.
Procédez au-dessus du saladier pour recueillir le jus qui s'écoule. Mélangez le tout.

Pelez et dénoyautez les avocats, puis détaillez leur chair en dés. Ajoutez-les à la salade.
Arrosez de vinaigrette et mélangez bien. Répartissez sur 4 assiettes et servez sans attendre.

Voir variantes p. 253

Variantes

Salade de fenouil à l'orange

Recette de base p. 229

Salade de fenouil à l'orange et aux oignons verts grillés
Suivez la recette de base. Pelez 1 botte d'oignons verts, puis disposez-les
sur une plaque à pâtisserie, badigeonnez-les d'huile d'olive et enfournez-
les sous le gril du four préchauffé 4 à 6 min, en les retournant à mi-cuisson :
elles doivent être tendres. Ajoutez-les à la salade et servez.

Salade de fenouil à l'orange et à l'oignon rouge
Suivez la recette de base en ajoutant $1/2$ oignon rouge finement émincé.

Salade de fenouil à l'orange et à la menthe
Suivez la recette de base en parsemant la salade de 2 c. à c. de feuilles
de menthe finement ciselées juste avant de servir.

Salade de fenouil à l'orange et à la ciboulette
Suivez la recette de base en parsemant la salade de 1 c. à s. de ciboulette
finement ciselée juste avant de servir.

Salade de poivrons à la menthe et aux graines de potiron

Recette de base p. 231

Salade de poivrons aux anchois
Suivez la recette de base en ajoutant à la salade 8 filets d'anchois égouttés et coupés en deux dans le sens de la longueur.

Salade de poivrons aux pignons grillés
Suivez la recette de base en remplaçant les graines de potiron par des pignons de pin grillés à sec.

Salade de poivrons et de tomates
Suivez la recette de base en ajoutant à la salade 4 tomates bien mûres pelées, épépinées et coupées en dés.

Salade de poivrons aux câpres
Suivez la recette de base en agrémentant la vinaigrette de 1 c. à c. de câpres rincées, égouttées et émincées. Supprimez alors le sel dans la vinaigrette : les câpres sont déjà salées.

Salade de poivrons et de roquette
Suivez la recette de base en ajoutant à la salade 1 poignée de roquette.

Salade de courgette grillée à la feta et à la menthe

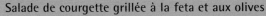

Recette de base p. 232

Salade de courgette grillée à la feta et aux olives
Suivez la recette de base et agrémentez chaque assiette de 4 ou 5 olives noires dénoyautées.

Salade de courgette grillée à la feta et au poivron
Lavez et épépinez 2 poivrons rouges, puis coupez-les en 8 parts égales. Suivez la recette de base en faisant griller les poivrons avec 1 $\frac{1}{2}$ courgette seulement.

Salade de pâtes à la courgette grillée et à la feta
Faites cuire 115 g (4 oz) de fusillis selon les indications portées sur l'emballage, puis égouttez-les. Suivez la recette de base en utilisant seulement 2 courgettes. Mélangez les tranches de courgette grillée avec les pâtes et la feta. Dressez sur 4 assiettes et arrosez de vinaigrette.

Salade piquante à la courgette et à la feta
Suivez la recette de base en agrémentant la vinaigrette de 1 piment rouge frais, épépiné et finement émincé.

Variantes

Salade de betteraves et de haricots verts au halloumi

Recette de base p. 235

Salade de betteraves et de haricots verts au halloumi et aux olives
Suivez la recette de base en ajoutant à la salade 1 poignée d'olives noires dénoyautées.

Salade de betteraves et de haricots verts au halloumi et à l'oignon rouge
Suivez la recette de base en ajoutant à la salade 1/2 oignon rouge finement émincé.

Salade de betteraves et de haricots mange-tout au halloumi
Suivez la recette de base en remplaçant les haricots verts par des haricots mange-tout.

Salade de betteraves et de haricots verts au halloumi, sauce à la menthe
Suivez la recette de base en agrémentant la vinaigrette de 1 c. à c. de feuilles de menthe finement ciselées.

Salade de betteraves et de haricots verts au halloumi et à l'orange
Pelez 1 orange à vif et prélevez ses quartiers au couteau en supprimant la fine membrane qui les sépare. Suivez la recette de base en les ajoutant à la salade.

Variantes

Salade de magret à la grenade

Recette de base p. 236

Salade de magret à la grenade et aux herbes
Suivez la recette de base en parsemant la salade avec 1 poignée d'herbes
aromatiques ciselées : coriandre, basilic et menthe, par exemple.

Salade de magret à la grenade et à l'orange
Pelez 1 orange à vif et prélevez ses quartiers au couteau en supprimant
la fine membrane qui les sépare. Suivez la recette de base en les ajoutant
à la salade.

Salade douce de magret à la grenade
Suivez la recette de base en remplaçant le cresson et la roquette par
des lanières de laitue et des jeunes pousses d'épinards.

Salade de magret à la grenade et à l'oignon rouge
Suivez la recette de base en ajoutant à la salade $^{1}/_{2}$ oignon rouge
finement émincé.

Méli-mélo à la figue et au prosciutto

Recette de base p. 239

Méli-mélo à la nectarine et au prosciutto
Suivez la recette de base en remplaçant les figues par 2 nectarines dénoyautées et coupées en lamelles.

Méli-mélo à la figue et au parmesan
Suivez la recette de base en remplaçant le prosciutto par des copeaux de parmesan.

Méli-mélo pimenté à la figue et prosciutto
Suivez la recette de base en ajoutant à la salade 2 piments grillés en bocal, égouttés et finement émincés.

Méli-mélo à la figue et à la ricotta
Suivez la recette de base en remplaçant le prosciutto par de la ricotta détaillée en petits morceaux.

Salade de cresson à la figue et au prosciutto
Suivez la recette de base en remplaçant le mélange de feuilles de salade par du cresson.

Variantes

Salade de bœuf grillé à la mangue, sauce wasabi

Recette de base p. 240
Toutes les variantes proposées sont servies avec la sauce wasabi.

Salade de bœuf grillé à la mangue et au concombre
Suivez la recette de base en ajoutant à la salade $1/2$ concombre coupé
en fines tranches.

Salade de bœuf grillé à la mangue et à la ciboulette
Suivez la recette de base en parsemant la salade avec 1 poignée de ciboulette
finement ciselée juste avant de servir.

Salade de bœuf grillé au kiwi
Suivez la recette de base en remplaçant les dés de mangue par 3 kiwis
pelés et coupés en demi-rondelles.

Salade de bœuf grillé aux myrtilles
Suivez la recette de base en remplaçant les dés de mangue par 1 poignée
de myrtilles.

Salade de poulet grillé à la mangue
Suivez la recette de base en remplaçant le bœuf par 2 blancs de poulet
grillés, sans la peau.

Salade de pousses d'épinards à la courge et au gorgonzola

Recette de base p. 243

Salade parmentière aux pousses d'épinards et au gorgonzola
Suivez la recette de base en remplaçant la courge musquée par de petites pommes de terres nouvelles cuites à l'eau, encore chaudes.

Salade de pousses d'épinards à la courge et à la feta
Suivez la recette de base en remplaçant le gorgonzola par de la feta.

Salade de pousses d'épinards à la courge, au gorgonzola et aux pignons
Suivez la recette de base en ajoutant à la salade 2 c. à s. de pignons de pin grillés à sec.

Salade de pousses d'épinards aux betteraves et au gorgonzola
Suivez la recette de base en remplaçant la courge musquée par 3 betteraves cuites, pelées et coupées en dés.

Salade de pousses d'épinards aux topinambours et au gorgonzola
Suivez la recette de base en remplaçant la courge musquée par quelques topinambours. Nettoyez-les et pelez-les, puis faites-les cuire 10 min environ à l'eau bouillante salée : ils doivent être presque tendres. Égouttez-les et mettez-les dans un plat à four. Arrosez-les de 1 c. à s. d'huile d'olive, mélangez bien et enfournez jusqu'à ce qu'ils soient bien dorés.

Variantes

Salade d'avocat au pamplemousse

Recette de base p. 244

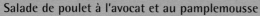

Salade de poulet à l'avocat et au pamplemousse
Suivez la recette de base en ajoutant à la salade 2 blancs de poulet grillés,
sans la peau, coupés en fines tranches.

Salade d'avocat à la mozzarella et au pamplemousse
Suivez la recette de base en ajoutant sur chaque assiette 4 ou
5 mini-mozzarellas.

Salade de crevettes à l'avocat et au pamplemousse
Suivez la recette de base en ajoutant à la salade 200 g (7 oz) de crevettes
cuites décortiquées.

Salade d'avocat au pamplemousse et aux oignons verts
Suivez la recette de base en ajoutant à la salade quelques oignons verts
finement émincés.

Salade d'avocat au pamplemousse et aux noisettes
Suivez la recette de base en parsemant la salade de quelques cuillerées
à soupe de noisettes, grillées à sec et concassées, juste avant de servir.

Entrées raffinées

Qu'il s'agisse de soupes ou de tartelettes, toujours fort appréciées, de coquillages ou de pâtés, goûteux à souhait, les entrées présentées dans ce chapitre feront toutes saliver vos convives tant par leur aspect sophistiqué que par leur saveur raffinée.

Vichyssoise à la ciboulette

Pour 4 personnes

Cette soupe froide, à la texture veloutée, est un grand classique qui comble autant les convives que les maîtresses de maison, car elle peut être préparée à l'avance.

2 c. à s. d'huile d'olive
1 oignon émincé
3 poireaux émincés
1 pomme de terre pelée et coupée en dés
75 cl (3 tasses) de bouillon de légumes

25 cl (2 1/4 tasses) de lait + un peu plus si nécessaire
25 cl (2 1/4 tasses) de crème 15 %
Le jus de 1/2 citron + un peu pour servir
Sel et poivre noir moulu
Crème sure et ciboulette ciselée pour servir

Faites chauffer l'huile dans une sauteuse. Mettez-y l'oignon et les poireaux à revenir 5 min environ : ils doivent être tendres.

Ajoutez les dés de pomme de terre et le bouillon. Portez à ébullition, puis baissez le feu et couvrez. Laissez mijoter 15 min environ : les pommes de terre doivent être cuites à cœur.

Mixez le tout jusqu'à obtention d'une soupe bien lisse. Incorporez-y le lait, la crème et le jus de citron. Salez et poivrez. Laissez refroidir et réservez au moins 2 h au réfrigérateur.

Si la soupe épaissit trop en refroidissant, allongez-la éventuellement avec un peu de lait au moment de servir. Rectifiez l'assaisonnement si nécessaire et ajoutez un peu de jus de citron. Servez agrémenté de crème sure et de ciboulette.

Voir variantes p. 274

Noix de Saint-Jacques marinées

Pour 4 personnes

Simple et rapide à réaliser, cette entrée n'en est pas moins savoureuse et raffinée. Prévoyez une ou deux noix supplémentaires par personne si vos invités ont un solide appétit.

12 belles noix de Saint-Jacques
1 piment rouge épépiné et finement émincé
Le zeste râpé et le jus de 1 citron vert
   (bio de préférence)

2 c. à c. de feuilles de menthe
   finement ciselées
1 c. à s. d'huile d'olive
Sel

Disposez les noix de Saint-Jacques dans un grand plat. Mélangez le piment avec le zeste et le jus de citron vert et la menthe dans un bol, puis émulsionnez avec l'huile. Salez légèrement. Versez cette préparation sur les noix de Saint-Jacques et mélangez de façon à bien les enrober. Laissez mariner au moins 1 h au réfrigérateur.

Faites chauffer une poêle antiadhésive. Versez-y les noix de Saint-Jacques et leur marinade, et faites-les revenir 1 min seulement de chaque côté : elles doivent être juste cuites. Disposez-les sur un plat et servez sans attendre, accompagné de leur jus de cuisson présenté à part.

Voir variantes p. 275

Tomates cerises et ricotta en nids de pâte filo

Pour 4 personnes

Ces tartelettes joliment dorées, garnies de ricotta et de tomates cerises, font une entrée savoureuse et originale.

8 feuilles de pâte filo
40 g (3 c. à s.) de beurre fondu + un peu pour la plaque
28 tomates cerises
100 g (1/2 tasse) de ricotta détaillée en morceaux

2 c. à s. d'huile d'olive
2 gousses d'ail écrasées
Sel et poivre noir moulu
1 poignée de feuilles de menthe ou de basilic

Préchauffez le four à 350 °F (180 °C). Graissez légèrement une plaque à pâtisserie. Étalez une feuille de filo sur le plan de travail et badigeonnez-la de beurre fondu au pinceau. Recouvrez-la d'une autre feuille et badigeonnez-la également de beurre fondu. Disposez 7 tomates cerises au centre des deux feuilles superposées. Parsemez-les avec un quart de la ricotta.

Ramenez les coins des feuilles de filo autour de la garniture en les pliant de façon à former un nid bien cintré. Mélangez l'huile et d'ail et arrosez-en la garniture. Salez et poivrez.

Procédez de même avec les autres feuilles de filo et le reste de garniture. Disposez les nids sur la plaque et enfournez 15 min : la pâte doit être bien dorée et croustillante. Parsemez des feuilles de menthe ou de basilic et servez sans attendre.

Voir variantes p. 276

Soupe de courge piquante

Pour 4 personnes

En automne ou en hiver, régalez vos convives avec cette soupe parfumée.

1 courge musquée coupée en deux et épépinée	1 c. à c. de cumin en poudre
2 c. à s. d'huile d'olive + un peu pour badigeonner	1 c. à c. de graines de coriandre moulues
Sel et poivre noir moulu	$1/2$ c. à c. de gingembre en poudre
4 piments verts coupés en deux et épépinés	$1/4$ de c. à c. de cannelle en poudre
1 oignon émincé	1,5 litre (5 tasses) de bouillon de légumes ou de volaille.
2 gousses d'ail émincées	Le jus de $1/2$ citron

Préchauffez le four à 400 °F (200 °C). Disposez les moitiés de courge sur une plaque à pâtisserie, puis badigeonnez-en l'intérieur d'huile. Salez et poivrez. Enfournez 30 min environ : la courge doit être tendre.

Pendant ce temps, chauffez un gril en fonte. Badigeonnez les demi-piments d'huile et faites-les griller 4 min environ sur chaque face. Coupez-les en très fines lanières et réservez. Faites chauffer le reste d'huile dans une grande casserole. Mettez-y l'oignon et l'ail à revenir 5 min environ. Ajoutez les épices et le bouillon, puis portez à ébullition. Baissez le feu, couvrez et laissez mijoter 15 min environ. Sortez la courge du four, prélevez sa chair à la cuillère et mixez-la avec le contenu de la casserole jusqu'à homogénéité. Réchauffez si besoin, puis arrosez de citron et rectifiez l'assaisonnement si nécessaire.

Servez parsemé des lanières de piment grillé.

Voir variantes p. 277

Huîtres au vinaigre à l'oignon rouge et au concombre

Pour 4 personnes

Le parfum iodé et la texture généreuse des huîtres se parent ici d'une salsa croquante subtilement relevée de menthe.

¹/₄ d'oignon rouge finement émincé
¹/₄ de concombre épépiné et coupé en dés
2 c. à c. de vinaigre de vin rouge
2 c. à s. d'huile d'olive
1 pincée de sucre

Sel et poivre noir moulu
2 c. à c. de feuilles de menthe
  finement ciselées
12 huîtres fraîchement ouvertes
  (dans leur coquille)

Mettez l'oignon rouge et le concombre dans un petit saladier. Ajoutez le vinaigre, l'huile d'olive et le sucre. Salez modérément et poivrez. Mélangez bien. Incorporez la menthe.

Disposez les huîtres dans un plat de service, sur un lit de glaçons. Nappez chacune d'elles de 1 c. à c. du mélange précédent et servez sans attendre.

Voir variantes p. 278

Crêpes de courgette, sauce tomate

Pour 4 personnes

Ces crêpes moelleuses s'accommodent fort bien d'une sauce tomate chaude. Mais vous pouvez aussi les servir avec une salsa de tomate fraîche (voir recette p. 51).

2 courgettes pelées
$1/4$ de c. à c. de sel
2 c. à s. de farine à gâteaux
(avec levure incorporée)
3 c. à s. de crème 35 %
2 jaunes d'œuf

2 échalotes finement émincées
25 g ($1/3$ tasse) de parmesan fraîchement râpé
Poivre noir moulu
Huile d'olive pour la cuisson des crêpes
Sauce tomate du commerce pour servir

Râpez les courgettes dans une passoire posée sur un saladier. Salez-les, mélangez bien et laissez dégorger 30 min environ.

Mettez la farine dans une jatte. Ménagez un puits au centre et versez-y la crème et les jaunes d'œuf. Mélangez à la fourchette jusqu'à obtention d'une pâte lisse. Pressez les courgettes pour bien les égoutter. Incorporez-les à la pâte, ainsi que les échalotes et le parmesan. Poivrez.

Chauffez une poêle antiadhésive huilée. Versez-y quelques petits tas de pâte de façon à former des crêpes. Faites-les cuire 3 min de chaque côté : elles doivent être fermes et dorées. Gardez-les au chaud. Procédez de même avec le reste de pâte. Servez avec la sauce tomate chaude.

Voir variantes p. 279

Moules au vin blanc

Pour 4 personnes

Les moules ont la réputation, usurpée, d'être compliquées à préparer. En outre, leur saveur délicatement iodée éveille les papilles !

900 g (2 lb) de moules grattées et nettoyées
30 g (2 c. à s.) de beurre
2 gousses d'ail écrasées
12 cl (1/2 tasse) de vin blanc sec
2 c. à s. de crème fraîche épaisse

Sel et poivre noir moulu
2 c. à s. de persil finement haché
1 baguette pour servir

Triez les moules : jetez celles qui sont ouvertes ou qui ne se referment pas quand vous les tapotez d'un coup sec. Faites fondre le beurre dans une grande casserole. Mettez-y l'ail à revenir 1 min environ.

Ajoutez les moules, puis arrosez avec le vin blanc. Couvrez et faites cuire 5 min à feu vif, en secouant régulièrement la casserole : les moules doivent s'ouvrir (jetez celles qui sont restées fermées).

À l'aide d'une écumoire, répartissez les moules dans 4 assiettes creuses. Incorporez la crème au jus de cuisson des moules. Rectifiez l'assaisonnement si nécessaire. Répartissez la sauce sur les moules et parsemez du persil. Servez sans attendre, accompagné de baguette bien croustillante pour pouvoir saucer.

Voir variantes p. 280

Tartelettes à l'oignon rouge

Pour 4 personnes

Ces tartelettes aux accents italiens constituent une entrée originale.

1 c. à c. d'huile d'olive + un peu pour la plaque
6 cl (1/4 tasse) de lait
6 cl (1/4 tasse) de crème 15 %
2 gousses d'ail pelées et coupées en deux
1/2 c. à s. de farine
   + un peu pour le plan de travail
1 jaune d'œuf

30 g (1/3 tasse) de parmesan fraîchement râpé
Sel et poivre noir moulu
250 g (9 oz) de pâte feuilletée prête à étaler
2 oignons rouges coupés en 6 morceaux chacun
1 c. à c. de câpres rincées et égouttées
1 filet de vinaigre balsamique
2 c. à c. de persil finement haché

Préchauffez le four à 375 °F (190 °C). Huilez légèrement une plaque à pâtisserie. Mettez le lait, la crème et l'ail dans une casserole. Portez à ébullition, puis ôtez du feu, laissez infuser 15 min et supprimez l'ail. Mélangez la farine et le jaune d'œuf dans un saladier jusqu'à homogénéité. Portez de nouveau le lait et la crème à ébullition, puis versez petit à petit sur la préparation précédente, en remuant sans cesse, pour éviter les grumeaux. Reversez dans la casserole et faites épaissir 4 à 5 min à feu doux. Ôtez du feu. Incorporez le fromage, salez et poivrez.

Étalez la pâte feuilletée sur le plan de travail légèrement fariné et découpez-y 4 disques de 12 cm (4 1/2 po) de diamètre environ. Disposez-les sur la plaque à pâtisserie et garnissez-les avec la préparation précédente, en laissant un bord libre de 1 cm (1/4 po). Disposez 3 morceaux d'oignon sur chaque tartelette et parsemez de câpres. Mélangez l'huile et le vinaigre. Arrosez-en légèrement les tartelettes. Enfournez 15 à 20 min : la pâte doit être dorée et croustillante. Servez chaud, tiède ou froid, parsemé de persil et accompagné du reste de vinaigrette.

Voir variantes p. 281

Toasts aillés au pâté de foies de volaille

Pour 4 personnes

Ce pâté de foies de volaille fondant est une incitation à la gourmandise.

115 g (¹/₂ tasse) de beurre
2 gousses d'ail écrasées
400 g (14 oz) de foies de volaille nettoyés et
    émincés
2 c. à s. de cognac
¹/₂ c. à c. de thym frais effeuillé
    + un peu pour servir

Sel et poivre noir moulu
Pour les toasts
8 tranches de baguette
1 gousse d'ail coupée en deux
Un peu d'huile d'olive pour badigeonner

Faites fondre 30 g (¹/₈ tasse) de beurre dans une casserole. Mettez-y l'ail à revenir 1 min à feu doux. Ajoutez les foies de volaille et poursuivez la cuisson 5 min : ils doivent être bien dorés.

Mixez les foies avec leur jus de cuisson. Ajoutez le reste de beurre coupé en parcelles, le cognac et le thym dans le bol du mixeur. Mixez de nouveau jusqu'à obtention d'un mélange bien lisse. Salez et poivrez. Mettez dans un bol et couvrez de film alimentaire. Réservez au moins 2 h au réfrigérateur : le pâté doit être bien ferme.

Faites griller les tranches de baguette au grille-pain. Frottez-les d'ail, puis badigeonnez-les d'huile d'olive. Garnissez les toasts de pâté, parsemez-les de thym et servez sans attendre.

Voir variantes p. 282

Poivrons farcis aux tomates cerises et à la ricotta

Pour 4 personnes

Accompagnez ces poivrons farcis de pain croustillant pour que vos invités puissent saucer le jus de cuisson. Pour une entrée légère, comptez un demi-poivron seulement par convive.

2 c. à s. d'huile d'olive
2 c. à s. de pesto du commerce
24 tomates cerises coupées en deux
12 cœurs d'artichaut grillés conservés à l'huile
   d'olive, égouttés et coupés en quatre

2 poivrons rouges coupés en deux et épépinés
2 poivrons jaunes coupés en deux et épépinés
175 g (³/4 tasse) de ricotta détaillée en morceaux
Poivre noir moulu
8 feuilles de basilic pour le décor

Préchauffez le four à 400 °F (200 °C). Mélangez l'huile et le pesto dans un saladier. Ajoutez les tomates cerises et les cœurs d'artichaut. Remuez afin de bien les enrober de cette préparation.

Disposez les demi-poivrons dans un grand plat à four. Farcissez-les avec la préparation précédente, puis répartissez-y la ricotta. Poivrez légèrement.

Enfournez 30 min : les poivrons doivent être tendres et leur garniture bien dorée. Servez chaud ou tiède, décoré de feuilles de basilic.

Voir variantes p. 283

Variantes

Vichyssoise à la ciboulette

Recette de base p. 255

Velouté poireau et pomme de terre
Suivez la recette de base, mais servez la soupe bien chaude et non froide.

Vichyssoise glacée
Suivez la recette de base en ajoutant quelques glaçons à chaque assiettée de soupe. Supprimez la crème sure et la ciboulette.

Vichyssoise et baguette grillée à la crème
Suivez la recette de base. Juste avant de servir, mélangez 4 c. à s. de crème 35 % avec 1 c. à s. de ciboulette finement ciselée. Coupez 2 mini-baguettes en deux dans le sens de la longueur. Faites griller les demi-baguettes au grille-pain, puis tartinez-les de la préparation précédente. Servez aussitôt, avec la vichyssoise.

Vichyssoise et pains pita grillés aux herbes
Suivez la recette de base. Coupez 4 pains pita en deux et faites-les griller au grille-pain, puis arrosez-les d'huile d'olive et parsemez-les de persil finement haché. Servez avec la soupe.

Vichyssoise à l'oignon rouge
Suivez la recette de base en remplaçant la ciboulette par de l'oignon rouge finement émincé.

Variantes

Noix de Saint-Jacques marinées

Recette de base p. 257

Noix de Saint-Jacques marinées à l'ail
Suivez la recette de base en ajoutant à la marinade 1 gousse d'ail écrasée.

Noix de Saint-Jacques marinées au gingembre
Suivez la recette de base en ajoutant à la marinade 1 c. à c. de racine
de gingembre râpée.

Noix de Saint-Jacques marinées au basilic
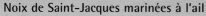
Suivez la recette de base en parsemant les noix de Saint-Jacques de feuilles
de basilic juste avant de servir.

Noix de Saint-Jacques marinées à la coriandre
Suivez la recette de base en parsemant les noix de Saint-Jacques
de 1 c. à s. de coriandre finement ciselée juste avant de servir.

Variantes

Tomates cerises et ricotta
en nids de pâte filo

Recette de base p. 258

Tomates cerises, poivron grillé et ricotta en nids de pâte filo
Suivez la recette de base en ajoutant quelques lanières de poivron grillé
en bocal, bien égouttées, à la garniture des nids.

Tomates cerises et ricotta à la ciboulette en nids de pâte filo
Suivez la recette de base en remplaçant les feuilles de menthe ou de basilic
par 1 à 2 c. à s. de ciboulette finement ciselée.

Tomates cerises et bleu en nids de pâte filo
Suivez la recette de base en remplaçant la ricotta par du bleu.

Tomates cerises et fromage de chèvre en nids de pâte filo
Suivez la recette de base en remplaçant la ricotta par du fromage de chèvre.

Tomates cerises et ricotta en nids de pâte filo, salade de roquette
Suivez la recette de base et servez chaque nid avec 1 bonne poignée
de roquette. Supprimez les feuilles de menthe ou de basilic.

Soupe de courge piquante

Recette de base p. 261

Soupe de courge piquante, bruschettas à l'ail
Suivez la recette de base. Faites griller 8 tranches de baguette au grille-pain.
Frottez-les d'ail, puis arrosez-les de 1 filet d'huile d'olive. Servez avec la soupe.

Soupe de courge piquante à la crème
Suivez la recette de base en agrémentant chaque assiettée de soupe de
1 cuillerée de crème fraîche avant d'y ajouter les lanières de piment grillé.

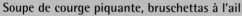

Soupe de betterave piquante
Suivez la recette de base en remplaçant la courge musquée par 3 belles
betteraves crues, pelées et coupées en morceaux.

Soupe de potiron piquante
Suivez la recette de base en remplaçant la courge musquée par 1 belle
tranche de potiron.

Huîtres au vinaigre à l'oignon rouge et au concombre

Recette de base p. 262

Huîtres au vinaigre à l'échalote et à l'estragon
Suivez la recette de base en remplaçant l'oignon rouge par $1/2$ échalote finement émincée et la menthe par des feuilles d'estragon ciselées.

Huîtres au vinaigre à l'oignon rouge et à la tomate
Suivez la recette de base en remplaçant le concombre par 1 tomate épépinée et finement émincée.

Huîtres au vinaigre à l'échalote et au piment
Suivez la recette de base, mais remplacez l'oignon rouge par $1/2$ échalote finement émincée et ajoutez au vinaigre 1 belle pincée de piment rouge séché émietté.

Huîtres au vinaigre à l'oignon rouge et au poivron
Suivez la recette de base en remplaçant le concombre par $1/2$ poivron vert coupé en dés.

Variantes

Crêpes de courgette, sauce tomate

Recette de base p. 265

Crêpes de courgette, crème fraîche à la ciboulette
Suivez la recette de base en remplaçant la sauce tomate par un ramequin
de crème fraîche légèrement citronnée et parsemée de ciboulette ciselée.

Crêpes de courgette, crème fraîche au caviar
Suivez la recette de base en garnissant chaque crêpe d'un peu de crème 35 %
parsemée de 1 c. à c. de caviar (ou d'œufs de lump).

Crêpes de courgette, crème au pesto
Mélangez 2 c. à c. de pesto du commerce et 8 cl (1/3 tasse) de crème 35 %.
Poivrez légèrement. Suivez la recette de base en garnissant les crêpes de cette
préparation.

Crêpes de courgette à l'avocat, sauce tomate
Suivez la recette de base en garnissant les crêpes de quelques tranches
d'avocat bien mûr. Servez avec la sauce tomate.

Crêpes de courgette, sauce tomate et crème fraîche
Suivez la recette de base en garnissant chaque crêpe de 1 cuillerée
de sauce tomate et de 1 cuillerée de crème fraîche 35 %.

Variantes

Moules au vin blanc

Recette de base p. 266

Moules à la bière
Suivez la recette de base en remplaçant le vin blanc par de la bière blonde
légère. Dans ce cas, supprimez la crème.

Moules au vin blanc et au bleu
Suivez la recette de base en remplaçant l'ail par 2 échalotes finement
émincées et la crème 35 % par 40 g ($^1/_3$ tasse) de bleu coupé en dés.

Moules au xérès et au chorizo
Suivez la recette de base en faisant revenir 30 g (1 oz) de chorizo pelé
et finement émincé avec le beurre et l'ail. Remplacez le vin blanc
par du xérès. Dans ce cas, supprimez la crème.

Moules pimentées au vin blanc
Suivez la recette de base en faisant revenir $^1/_4$ de c. à c. de piment rouge
séché émietté avec le beurre et l'ail.

Tartelettes à l'oignon rouge

Recette de base p. 269

Tartelettes à l'oignon rouge et aux olives
Suivez la recette de base en ajoutant quelques olives noires dénoyautées
sur chacune des tartelettes avant de les enfourner.

Tartelettes à l'oignon rouge et aux pignons
Suivez la recette de base en ajoutant quelques pignons de pin grillés à sec
sur chacune des tartelettes avant de les enfourner.

Tartelettes à l'oignon rouge et au prosciutto
Coupez 4 fines tranches de prosciutto en lanières. Suivez la recette de base et
disposez les lanières de prosciutto entre les morceaux d'oignon rouge avant
d'enfourner les tartelettes.

Tartelettes à l'oignon rouge et à la ciboulette
Suivez la recette de base en ajoutant 1 c. à s. de ciboulette finement ciselée
à la préparation à la crème. Servez également les tartelettes parsemées
d'un peu de ciboulette à la place du persil.

Variantes

Toasts aillés au pâté de foies de volaille

Recette de base p. 270

Toasts aillés au pâté de foies de canard
Suivez la recette de base en remplaçant les foies de volaille par des foies de canard.

Toasts aillés au pâté de foies de volaille au xérès
Suivez la recette de base en remplaçant le cognac par du xérès.

Toasts aillés au pâté de foies de volaille à la ciboulette
Suivez la recette de base en remplaçant le thym par 1 c. à s. de ciboulette finement ciselée, que vous incorporerez au pâté avant de le mettre au frais. Parsemez également les toasts de ciboulette ciselée juste avant de servir.

Toasts aillés au pâté de foies de volaille à l'origan
Suivez la recette de base en remplaçant le thym par de l'origan. Parsemez également les toasts d'origan effeuillé juste avant de servir.

Toasts de pain au levain aillés au pâté de foies de volaille
Suivez la recette de base en remplaçant la baguette par des tranches de pain au levain grillées.

Variantes

Poivrons farcis aux tomates cerises
et à la ricotta

Recette de base p. 273

Poivrons farcis aux tomates cerises et au mascarpone
Suivez la recette de base en remplaçant la ricotta par du mascarpone.

Poivrons farcis aux tomates cerises et à la mozzarella
Suivez la recette de base en remplaçant la ricotta par de la mozzarella
(150 g - 5 ½ oz) coupée en dés.

Poivrons farcis aux tomates cerises et au chèvre frais
Suivez la recette de base en remplaçant la ricotta par du fromage
de chèvre frais.

Poivrons farcis aux tomates cerises, à la ricotta et au jalapeños
Suivez la recette de base en ajoutant 2 piments jalapeños en bocal,
égouttés et finement émincés, à la garniture.

Table des recettes

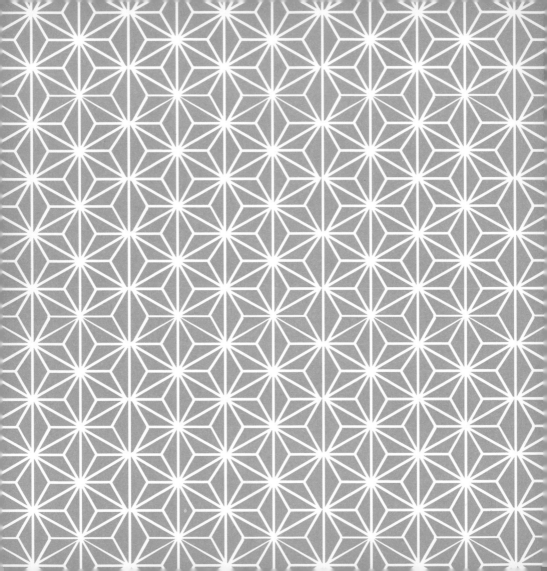